KB202505

그렇게 교회가 된다

- 지금도 하리교회가 세우는 그것

'하리교회'의 역사와 비전을 통해 쓰여진 이 책의 내용은 매우 참신하고 충격적입니다. 대한민국의 많은 농촌 지역 교회들이 소멸해간다는 것을 당연하다고 여기는 이때에도 여전히 건강하게 성장하고 있으며 더 나아가 글로벌 미션 교회를 추구하고 있다는 것 때문입니다. 하리교회는 순교자 임광호 전도사님이 개척한 교회가 인도 선교사 출신 이병성 목사님이 담임목사로 이어지면서 '순교의 영성이 선교의 영성'으로 이어지고 있는 교회입니다. 순교와 선교, 그리고 사회 참여가 어떻게 교회 공동체를 통해 통전적으로 조화롭게 이루어질 수 있는지를 잘 보여주고 있는 사례이기도 합니다. 어느 지역에 있든지 주님의 지상명령에 순종하려고 하며 온 세상을 향하는 교회라면 결코 머무를 수 없고 뒤로 물러설 수 없다는 것을 보여주는 중요한 증거입니다. 끊임없이 배우고, 연구하고, 적용하며 실천하려는 선교적 교회를 이루어 가려는 이병성 목사님의 헌신이 하리교회의 오랜 역사와 하나되어 더욱 순결하고 아름다운 그리스도의 공동체를 이루어가고 있음을 보면서 기뻐하며 감사합니다. 이 책을 통하여 한국 교회가 선교적 글로컬 교회로 깨어나게 되기를 소망하며 기쁨으로 추천합니다.

이재훈 목사
온누리교회 위임 , 한국로잔위원회 의장

하리교회는 성장하는 교회입니다. 그것도 전북 완주군에 있으면서 유독 성장하는 교회로 유명합니다. 여러 가지 이유가 있겠지만, 막상 이병성 목사님은 무엇보다도 순교자 정신을 가지고 그 교회를 개척하고 목회하셨던 임광호 전도사님의 헌신을 강조하고 있습니다. 그러면서 그 순교의 영성에서 성결의 상징성이 있었기 때문이라고 겸손하게 말합니다. 그러나 동시에 우리가 보기에는 그 뒤를 이어 이 순교의 영성을 선교의 영성으로 계승·발전시킨 이병성 목사가 있었기에 가능한 일이었다고 생각합니다. 이러한 계승은 치밀한 준비와 오랜 숙려의 기간을 통해 가능해진 것입니다. 우리는 이병성 목사님의 특별한 이력에서 짐작하듯이, 이병성 목사님이 노력을 많이 하시는 분임을 알 수 있습니다.

서울신학대학교에서 신학으로 Ph.D를 받으셨지만, 인도에서 선교사로 사역하시면서 동시에 사회학을 박사과정까지 공부하시며 전공하셨고, 지금 목회지에서는 다시 고려대학교 경영학 석사와 전북대학교 법학과 철학으로 박사학위를 준비 중이십니다. 이렇게 다양한 공부를 지속하시는 이유는 여러 영역을 통합하여 실제적인 도움을 줄 수 있는 창의적 목회를 지향하시기 때문입니다. 하리교회의 오늘날 발전은 창의적 목회 과정에서 이병성 목사님의 진지한 도전의 결실이라 할 수 있습니다. 이병성 목사님의 겸손한 성품에 더하여 현장을 이해하려는 치밀한 노력이 그분의 목회에서 결실로 나타나기에 하리교회가 성장하고 있는 것입니다. 선교적 열정과 진실한 헌신, 모든 세대를 아우를 수 있는 포용성, 그리고 준비된 설교가 그 교회를 놀랍게 변화시키고 있습니다. 우리는 이 공동체에 주목할 필요가 있습니다. 주님의 계시의 영성과 부흥의 열정을 널리 펴기 위해 하리교회의 모범이 많은 사람들에게 소개되기를 기대합니다.

황덕형 박사
서울신학대학교 총장 , 한국기독교학회 회장

이 책은 전라북도 완주군에 있는 '하리교회'의 성장 역사와 원인, 담임목사의 목회철학을 담고 있다. 담임 목회자 이병성 박사는 인도에서 선교사로 12년을 사역한 선교사 출신 목회자이며, 동시에 선교학으로 박사학위를 취득한 신학자이다. 그의 학문적 열정은 신학뿐 아니라, 법학, 경영학, 사회학 등의 다양한 분야에서도 지속적으로 연구하는 학문적 열정이 대단한 인물이다. 이 책은 이병성 박사의 현장의 경험과 학문적 여정이 통합적으로 아우러진 것이다.

이 책은 이병성 목사의 '하리교회'의 목회 철학이 어떻게 교회 현장에서 구현되었는지를 보여주고 있다. 특히 그는 이 책은 하리교회의 성장의 역사와 그 요인을 다루고 있으며, 그것은 한마디로 말하면, 순교의 영성이 선교의 영성으로 발전한 경우라고 할 수 있다.

이 책은 하리교회를 개척한 임광호 전도사의 순교의 이야기도 다룬다. 순교의 영성이 이후 이병성 목사의 선교의 영성에 기반한 선교적 리더십으로 계승되고 있다. 바로 여기에서 하리교회가 건강한 성장의 원인을 발견할 수 있다. 저자는 이 책을 통해서 건강한 교회 성장을 통해 지역사회에 공적 영향력을 펼치며, 글로컬한 교회를 지향하며, 지역사회와 함께하는 '하리교회'의 모습을 발견할 수 있다. 아무쪼록 이 책을 건강한 성장을 꿈꾸는 목회자 및 신학생, 나아가 평신도들에게 일독을 권한다.

박보경 박사

장로회신학대학교 교수 , 세계선교학회 회장

하리교회는 순교자의 피와 영성이 흐르는 교회입니다. 그 출발부터 임광호 전도사님과 문형우 집사님의 신앙이 든든한 반석이 되어 세워진 교회입니다. 그리고 이 순교의 신앙이 깊은 샘이 되어 쉴 곳을 찾아오는 많은 성도의 영적인 갈급함을 해소해 주는 교회입니다. 이 순교의 샘물이 솟아 완주군 지역사회를 촉촉이 채우고 있습니다. 그리고 그 물이 넘쳐 선교의 씨앗들을 싹틔우는 선교의 마중물 교회로 성장하고 있습니다.

하리교회의 역동적인 사역의 중심에는 담임 이병성 목사님이 있습니다. 인도 선교사로 헌신한 12년간 탁월함과 역동성으로 많은 영혼을 주님께 인도한 선교사였습니다. 온화한 성품과 오직 복음과 교회만을 향한 순수함으로 순교자의 피가 뿌려진 하리교회에서도 온전한 하나님의 은혜가 넘쳐나는 축복의 통로로 부족함이 없는 목사님입니다.

하리교회의 부흥 역사는 여전히 진행 중입니다. 독자들이 이 책『그렇게 교회가 된다』를 통해 그 부흥의 비밀을 살펴보는 좋은 계기가 되길 바랍니다. 탈종교화 사회로 교회의 정체성이 흔들리는 이 땅에 하리교회와 이병성 목사님의 사역이 좋은 대안이 되기를 바랍니다. 하리교회뿐만 아니라 이 땅의 모든 교회가 또 하나의 역사를 만들어 가는 좋은 결과가 있기를 소망하며, 이병성 목사님의『그렇게 교회가 된다』가 이 사역의 든든한 안내서가 되기를 소망해 봅니다.

류승동 목사
인후동교회 담임 , 제118차 기독교대한성결교회 총회장

그렇게 교회가 된다

서지정보

지은이 이병성

분야 국내도서 〉 종교 〉 기독교

판형 130*221

면수 172면

가격 15,000원

ISBN 979-11-964985-6-6

발행일 2024년 10월 1일

편집 정연미

디자인 홍성미

펴낸이 김일환

저자

이병성

교회가 그렇게 된다

Y

Y

목차

2부 • '하리교회'는 무엇을 세우는가

부록

'순교의 영성을 선교의 영성으로'

임광호 전도사의 순교 이야기는 우리에게 특별한 큰 울림으로 다가옵니다. 근접할 수 없는 순교 사건은 성도들과 지역사회에 신앙을 고취 시키는 분명한 근거가 되기에 충분합니다. 하지만, 거대한 역사적 사건이 고착된 전통 안에 억눌린 신앙의 태도를 견지하게 만들기도 합니다.

우리는 머무름이 아니라 그곳으로부터의 움직임이 필요합니다. 우리는 이것을 '순교의 영성을 선교의 영성으로' 풀어 놓았습니다. 과거의 이야기가 나의 이야기가 되는 것입니다. 우리는 과거의 역사를 오늘에 우리의 역사로 재창조해 내려고 애쓰는 중입니다. 우리는 이런 교회가 되어야 한다는 마음으로 "그렇게 교회가 된다."라는 소망을 글로 표현해 보려고 하는 것입니다.

우리는 글로컬 교회를 지향합니다. 지역적 한계는 극복하고자 하는 원동력이 되었고, 그 지역 안에 필요한 사명을 자각하고 발전하게 만든 계기가 되었습니다. 지역의 필요에 민감하고, 사회에 화두를 던지고, 감히 한국교회에 선교 방향을 제시하는 것입니다. 변방에서 나온 하나의 돌이 거대한 선교 흐름에 작은 디딤돌이 되고자 하는 것입니다.

우리는 교회의 공공성을 추구합니다. 마을에 속한 교회는 주민과 공간을 공유하고, 아이디어와 마음을 나눕니다. 지역 개발과 보존, 그리고 도덕적 위치를 스스로 선점함으로 세상의 판단을 요청합니다. 우리는 개인의 삶과 교회의 역할이 사회 안에서 존재 가치가 자연스럽게 드러내도록 요구합니다.

우리는 네트워크 하는 교회입니다. 지리적으로, 행정적으로, 복음적인 교회와 단체와 연합하고 협력을 계속합니다. 지역교회와는 지역 전도와 젊은이, 그리고 유학생 중심의 사역, 같은 지방회(노회)에서는 상생과 연합기관의 역할, 복음주의 단체와는 비전 공유와 모델이 되는 교회가 되는 꿈을 꿉니다.

이런 교회의 역할과 목회 철학에 전적으로 지지해 주시는 장로님과 성도님, 그리고 작업에 동참해 주신 교회 역사편찬부에 감사드립니다. 또한, 뜨거운 격려로 추천해 주신 한국로잔위원회 의장이신 온누리교회 이재훈 목사님, 서울신학대학교 총장 황덕형 박사님, 세계선교학회 회장이신 장로회신학대학교 박보경 교수님, 기독교대한성결교회 제118년 총회장 인후동교회 류승동 목사님께 감사드리며 아름다운 디자인과 전체적인 편집을 탁월하게 담당해 주신 우리가본출판사 김일환 대표와 직원들께 감사드립니다.

교회는 선교를 기쁨으로 감당하는 공동체입니다. 오늘도 이런 교회 안에서 감사와 행복으로 즐거운 여정을 이어가게 하시는 주님께 영광을 돌립니다.

하리교회 담임 이병성 목사

Y

1부. 무엇이 '하리교회'를 세웠는가

1. 지역이 바라본 하리교회

하리교회의 지역성

하리는 평야 지대입니다. 하리(下里)는 '아랫마을이란' 뜻으로, 전주군 회포면의 아래쪽에 해당하여 '아랫마을이라고' 붙여졌다고 합니다. 하리는 신풍, 조사, 용전, 신복마을을 이루고 있습니다.

지금도 수로를 보면 일부 확인이 가능한데, 하리를 중심으로 위아래로 물이 흐르는 하천이 있었습니다. 지금도 가뭄을 거의 느낄 수 없을 정도로 물이 풍부한 편입니다. 교회가 있는 하리 3구는 용전마을로, 우물이 유명하여 붙여진 이름입니다. 평야지대와 물이 풍부하여 논농사를 주로 하고, 현재는 딸기와 토마토 등 특용 작물을 재배하는 가구가 많습니다.

하리는 비교적 먹을 양식이 풍부해서 그런지 마을이 평온하다는 느낌이 드는 곳입니다. 예전보다는 젊은 사람들이 적은 편이지만, 다른 지역에 비하면 인구 감소율이 낮다고 할 수 있습니다. 하리 4구에 공장 등이 이주하면서 외지인들이 많이 거주하기 시작했습니다. 하리와 연결된 다리(하리교)만 건너면 행정구역상으로 전주이고, 전주 시내까지는 차량으로 10분 정도면 다다를 수 있어, 외부 환경 변화에 빠르게 적응하는 측면이 있습니다.

하지만, 하리교회는 지역적으로 전라북도 완주군에 속한 '교회'라는 면에서 보면, 삼례읍에서 3.5km 정도 떨어져 있는 전형적인 농촌 지역에 있습니다. 읍내와의 거리도 있고, 마을 사람들의 왕래가 상당히 활발하다고 할 수는 없습니다. 가구 수가 아주 많은 것도 아닙니다. 교회와 성장, 교회와 부흥이라는 주제로는 합리적인 근거를 찾기는 쉽지 않습니다.

마을 안에 교회가 있고, 교인들의 대부분이 하리 마을 주민과 이웃 주민들로 구성되어 있습니다. 과거에는 1구부터 4구로 불린 신풍마을, 조사마을, 용전마을, 신복마을로 이뤄진 하리와 신금리의 백두마을, 그리고 구와리의 와리마을 등에서 교회에 출석하고 계십니다. 몇 년 전부터는 삼례읍과 봉동읍, 그리고 전주 시내에서 교회에 오시는 분들이 생겨 지리적인 경계가 확장되는 중입니다. 확실히 하리교회는 마을 중심의 교회이면서 구성원의 지역분포가 확대되고 있는 긍정적인 현상들이 나타나고 있습니다.

그러나 하리교회는 왜 성장하는가?

완주군에 속한 지역적인 한계에도 확실한 의미에서 '하리교회'는 성장하고 있습니다. 그 원인은 다양합니다. 그건 다시 '지역성'에서 찾아볼 수 있습니다. 하리교회는 유일한 지역교회입니다. 그렇기에 주변에서 교회를 찾을 때, 일단 하리교회에 문을 두드리는 것 같습니다. 물론, 지역에서 문을 두드린다고 해도, 지리적으로 가까운 거리는 아닙니다. 더 나아가, 이 지역에 있다고 해서 교회가 성장한다는 주장에 설득력을 제공해 주지도 않을 것입니다.

몇 년 전에 이 지역 주변에 교회와 기도원이 개척되기도 했으나 현재는 문을 닫거나 이전한 상태입니다. 개척했던 교회는 지역 주민을 위한 구제와 전도를 나름대로 열심히 한 것으로 알고 있습니다. 그럼에도 이 지역에서 교회가 자립하는 것은 쉬운 일이 아닙니다.

개척했던 교회에서 다양한 전도 방법으로 주민들을 찾아가 전도한 흔적들을 찾아볼 수 있습니다. 교회 출석 권면을 받을 때 많은 분이 "제가 만약에 교회 가면 '하리교회'에 나갈 겁니다."라고 대답했다고 합니다. 그 원인은 여러 가지가 있겠지만, 아무래도 교회가 이 지역 가운데 담당하는 역할에서 찾아볼 수 있을 것 같습니다. 그 구체적인 내용은, 이 책을 써 내려가면서 더 깊게 말해보려 합니다.

불신자들이 보기에도 하리교회가 지역의 중심 교회인 것 같습니다. 그래서 신앙 생활하려면 하리교회에서 하고 싶은 마음들이 있는 것 같습니다. 그것은 어떤 의미에서는 지리적인 이유와 지역적인 이유를 넘어선 것입니다. 그렇기에 시골 지역에 있지만, 성장하고 있습니다.

마을교회

저는 하리교회를 '마을교회'라고 스스로 정의합니다. 그건 조금 더 포괄적인 의미로서의 교회론이 됩니다. 마을 중심의 교회는 어려운 개념이 아닙니다. 그것은 교회의 사회성이며, 교회의 힘입니다. 그러면 마을 중심의 교회란 무엇일까요? 마을의 중요한 결정을 교회 지도자들이 하고, 교회가 결정권을 행사한다고 생각하는 분들은 제가 말하는 마을교회의 개념을 오해할 수도 있습니다. 물론 낙후된 마을은 초창기에 중요한 정보전달과 의사결정을 목회자와 교회가 주도적으로 결정할 수 있습니다. 예를 들어 목회자가 그 마을의 이장이 되거나 정부 지원을 받는 일에 적극적으로 참여하는 것입니다. 실제로 마을의 경제를 살리는 일에 앞장설 수 있다고 봅니다. 하지만 이것은 마을 발전을 위한 교회의 초기사역이라고 봅니다. 어느 정도 시간이 흐르고 인식이 전환되면, 교회의 역할이 바뀌어야 합니다. 오히려 교회는 마을 주민들이 마을 일을 주도적으로 할 수 있도록 하고 교회는 보조자의 역할을 해야 합니다. 마을의 큰 결정들과 행사들 속에서 교회가 스스로 자신의 자리를 내어 주는 것입니다. 이 부분이 상당히 중요하다고 봅니다.

이런 측면에서 저는 마을 목회를 보수적으로 이해하는 분들과 다르게 생각합니다. 마을 주민들이 마을 발전을 어느 정도 인식한다면, 오히려 교회는 마을 지도자들의 의견을 청취하고, 필요한 부분을 서로 협의하고, 협력하는 관계로 나아가야 한다고 봅니다. 현재 하리교회는 그런 측면을 견지하고 있습니다. 교회가 마을 사람들의 요구와 필요를 파악하고, 마을 사람들이 교회의 필요를 살피는 것도 필요합니다. 이런 공동의 과제를 서로 협력하여 수행합니다. 현재 하리교회는 그런 측면을 견지하고 있습니다. 이것이 하리교회가 추구하는 '마을교회'입니다.

마을과 함께 성장하는 교회

과거에 하리교회에서는 계몽 활동의 일환으로 농촌지도소의 관련 인사를 초청하여 지역 주민들에게 농사짓는 법 등을 배울 수 있도록 했습니다. 반면에 교회를 건축할 때, 교회 건축금을 충당하기 위해 주민들이 교회에 헌금을 하거나 '쌀계'(쌀을 이용한 계)를 들어 도움을 주기도 했으며 직접 노동력을 제공함으로 교회 건축에 참여하는 일들도 있었습니다. 이것은 교회와 마을이 서로 상생하는 관계라고 볼 수 있는 우리 사회의 특별한 모델링이라고 생각합니다. 교회가 부흥하면 마을이 발전하고, 마을이 발전하면 교회가 부흥한다는 논리가 아닙니다. 오히려 더 조화로운 차원에서 교회와 마을이 함께 성장하는 것입니다. 이런 측면에서, 하리교회는 마을과의 역사성이 깊습니다. 그렇기에 하리교회가 마을 중심의 교회라는 지리적인 이해의 경계를 넘어섰다고 보는 것입니다.

지금도 우리는 이러한 힘을 추구합니다. 하리교회는 과거에 마을회관을 새로 짓고, 보수하는 일에 재정적으로 지원했습니다. 지원의 규모나 방법은 다를 수 있지만, 어떤 유형으로든 마을에서 공동으로 해야 하는 일에 참여합니다. 마을에서 도로를 넓히는 일과 도로의 중앙 분리대를 설치하는 일, 그리고 야간 방범등 교체 등등, 마을 주민과 협력하여 관련 기관에 민원을 접수해 처리할 수 있도록 하고 있습니다.

저는 하리교회의 담임목회자로서, 교인들에게 마을을 위해 봉사할 수 있는 기회가 있으면 적극적으로 참여하라고 합니다. 그래서 우리 교회는 마을 이장과 부녀회장의 역할로 마을을 섬기는 분들이 많이 있습니다. 혹은, 이장이나 부녀회장이 우리 교인이 아니더라도, 마을에 필요한 부분을 교회가 지원하려 합니다. 예를 들어 마을 행사나 애경사의 경우에 그분들과 소통하면서 함께 논의하고 해결해 나가고 있습니다. 또 하리에는 '하.사.모.'가 있습니다. '하리를 사랑하는 모임'의 약자로, 이 모임을 중심으로 하리지역의 발전을 도모하고 행사를 주관하는 일들을 합니다. 이분들이 추석에 체육대회를 개최하거나 '만경강 가을 음악회' 등을 주관합니다. 이때 교회에서는 경품을 제공하거나 교인들이 참여할 수 있도록 광고하고 독려합니다. 많은 교인이 기획하는 일부터 준비하는 일, 그리고 건강 체조나 노래를 부르는 일들로 행사 순서에 직접 참여하기도 합니다. 그리고 행사 준비를 위해 교회의 시설과 운동장을 제공하기도 합니다. 또한 상당한 규모를 자랑하는, '하리 상조회'와 매주 주일 아침마다 만경강변에서 교인들이 함께 축구하며 경기장을 관리하는 일에도 열심을 내고 있습니다.

마을이 필요로 하는 교회

그렇기에 하리교회는 로컬처치(local church)라는 측면에서 지역과 연합하기를 즐거워합니다. 교회가 마을의 필요를 알지 못하고, 마을이 교회의 존재 이유를 알지 못하면 교회가 마을에 위치해야 할 이유가 없다고 봅니다. 굳이 선교의 목표가 아니더라도 교회는 마을과 주민이 함께 가야 한다고 생각합니다. 그건 하리교회가 하리마을의 첫 번째 교회이면서 지금도 여전히 유일한 교회로서, 마을에 반드시 필요하다고 인식하도록 하는 것입니다. 마을에 필요가 있을 때 교회가 그것을 채워주며, 마을에 하리교회가 있음으로 유익하다고 느끼도록 하는 것입니다. 물론 제가 마을 행사에 지나치게 관여하거나, 자주 나타나서 부담스럽게 하지 않습니다. 그러나 중요한 행사에는 거의 빠지지 않고 참여하고, 협력하는 것입니다.

교회 초창기부터 하리교회의 목회자들은 지역 주민과 가깝게 지냈습니다. 특히 농번기에는 목회자가 직접 논과 밭에 나가 농사일을 거들기도 하며 교회와 마을이 밀접한 관계를 갖도록 한 것 같습니다. 전에 계시던 하리교회 목회자도 마을 주민들과 소통하려고 노력하면서 마을의 일에 적극적으로 참여했고, 어떤 분들은 적극적으로 전도하는 일에 집중하기도 했습니다. 그렇기에 하리교회는 '마을과 함께 하는 교회'라는 인식이 되어 있습니다. 이런 사회적 인식을 만들어 내는 지점이 우리가 추구하는 교회의 주제여야 한다고 생각합니다.

하리교회도 처음에는 목회자의 정보와 아이디어를 통해 마을의 필요를 제공해 왔습니다. 그러나 이제는 조금 더 성숙한 것을 고민 중입니다. 그건 마을과 교회가 동역의 관점으로 나아가는 연습입니다. 왜냐하면 마을 주민의 의식과 수준이 높아지고 있기 때문입니다. 교회가 가진 힘을, 일방적으로 마을에 행사하는 것이 아니라, 함께 마을을 만들어 간다는 생각으로 사역해야 합니다.

요즘 많은 교회가 개교회주의에 빠져있어 아쉽습니다. 그것은 반드시 교회 이기주의를 만들어 냅니다. 그리고 그 결과물은 모두의 눈살을 찌푸리게 합니다. 이런 현상은 우리 교계에 아주 만연해 있기에, 이제는 특별한 경우도 아닌 것 같습니다. 그러나 그 지점에서, 여전히 하나님께서 주시는 길을 걸으며, 이 사회의 빛과 소금의 역할을 하는 교회들이 있습니다. 그것이 지금도 계속되는 하나님 나라일 것입니다. 그렇기에 교회는 세상으로 나가야 합니다. 빛과 소금이 되는 것은 반드시 교회가 이 세상과 관계를 맺을 때만 가능하기 때문입니다. 과거의 교회들은 그런 '지역성'을 충분히 이해했습니다. 그러나, 요즘은 그런 지역성을 고려하지 못한 교회가 많습니다. 더 나아가, 교회의 이기심이, 이 세상의 이기심과 매우 닮아 있어서, 더욱 마음이 아프기만 합니다. 저는 지금 이 책을 통해서, 하리교회의 이야기가 누군가에게 귀감이 되기를 감히 바라고 있습니다.

1부. 무엇이 '하리교회'를 세웠는가

2. 역사가 바라본 하리교회

역사가 바라보는 하리교회

무엇이 하리교회를 세웠는지 구체적으로 이야기하기 위해서는 '역사가 바라보는 하리교회'에 대해서 논의해야 합니다. 또 '하리교회의 역사'에 대해서도 심도 있는 논의를 해야 합니다. 개교회에 있어서, 교회의 역사를 다시 상고하는 과정은 매우 특별한 힘을 전수받게 됩니다. 그건 교회가 가지고 있는 진정 위대한 가치입니다. 그 가치는 시대의 조류에서도 휩쓸리지 않고 더 고유해질 수 있는 소중한 힘입니다. 하리교회의 역사에는 분명 그런 힘이 있습니다.

하리교회는 역사적 아픔이 태동했던 6.25 한국전쟁에 교회의 탄생을 경험합니다. 6.25 한국전쟁 당시, 삼례는 지리적으로 평지이고 벼농사 등 농작물의 생산이 많다 보니 일제강점기에 수탈의 대상이 되었습니다.

이런 격동기인 1950년 4월 16일에 하리교회가 세워집니다. 교회는 임광호 전도사님과 백한나, 전경순, 유정례 집사님과 함께 시작합니다. 첫 예배당은 백한나 집사님의 천막을 친 논이었습니다. 임광호 전도사님은 황해도 신천에서 태어나셨는데 아버지는 의사였다고 합니다. 만주에서 신학을 공부한 임광호 전도사님이 신앙의 자유와 신변의 안전을 위해 홀로 월남하셨습니다. 처음에는 하리와 가까운 와리에서 목회하다가, 토착 공산당들이 이북에서 넘어온 사람이라고 모함하는 바람에 목회하기가 어려워졌습니다. 이런 사정을 알게 된 장로님들이 전도사님의 장래를 위해 사임을 권유하셨습니다. 하지만, 그렇다고 목회를 그만둘 수가 없어 다시 개척하게 되었습니다.

천막을 치고 예배를 드리다 당시 삼례교회 유흥만 집사님이 목재를 희사하여 건평 20평의 교회를 짓기위해 공사가 시작되었습니다. 건축이 지붕 위치까지 진척될 때 1950년 7월 10일에 공산당들이 임광호 전도사님을 찾아왔습니다. 그리고 그들은 "잠깐이면 된다."며 끌고 가 고문을 했습니다. 그로부터 10여 일 후에 월산리에 끌려가 순교를 당하셨습니다. 즉, 하리교회는 초대 교역자인 임광호 전도사님의 순교의 역사가 있는, '순교자 교회'입니다. 아울러 하리교회는 민족의 아픈 역사와 함께 한 교회라고 할 수 있습니다. 그러나 참으로 신비스럽게도, 임광호 전도사님이 순교하신 이후에도 하리교회는 계속해서 존재했습니다. 더 나아가 임광호 전도사님의 순교 정신도 계속해서 존재했습니다. 이것이 지금까지 하리교회의 유장한 역사로 내려오고 있습니다. 이런 부분이 매우 특별한 지점입니다. 그 이유는 당시의 관점에서, 하리교회는 하리지역에서 배교를 거부한 교회이기 때문입니다.

또 목회자가 담대하게 순교했던 교회도 하리교회이며, 또한 순교하기 직전까지 전도했던 교회도 하리교회입니다. 무엇보다 하리지역에서, 6.25 한국전쟁 이후에도 계속해서 교회가 지속되고 존재하는 교회도, 하리교회입니다. 저는 그것이 '순교자의 살아 있는 역사성'이라고 생각합니다.

제주도로 피난 가자!

임광호 전도사님에 대한 유명한 일화들이 많습니다. 그중 기억에 남는 한가지 이야기가 있습니다. 6.25 한국전쟁 당시에 삼례교회 박춘빈 장로님이 임광호 전도사님에게 "제주도로 피난 가자." 했습니다. 그런데, 임광호 전도사님은 "내가 양 떼를 버리고 어디 가겠느냐."고 일언지하(一言之下)에 거절하셨습니다. 또 아내 김복순 사모님도 임광호 전도사님에게, 당시 가르치던 신학교가 있는 대전으로 "잠시 피신 가자."고 했으나 이것도 거절하십니다. 그리고 임광호 전도사님은 사모님이 자신에게, 그런 말을 했다고 3일 동안이나 말도 하지 않았다고 합니다. 그 정도로 임광호 전도사님은 교회를 향한 엄청난 사랑과 목자의 마음이 있었던 것입니다. 그리고 그것이 순교자의 정신으로 오늘날까지, 전해집니다.

이후에 임광호 전도사님은 순교합니다. 그러나 임광호 전도사님이 순교하신 이후에도 공산당은 멈추지 않았습니다. 공산당은 김복순 사모님도 3일 동안, 들과 논으로 끌고 다니면서, '신앙과 교회'를 포기하라고 핍박했으나 굴하지 않았다고 하십니다. 이 사건은 이후에 자세히 다루겠습니다. 당시 공산당의 핍박과 감시로 교인들이 교회에 출석하는 것이 불가한 상태였습니다. 심지어 몇 명의 교인을 잡아가기까지 했습니다. 그러나 사모님은 끝까지 교회를 지키면서 홀로 예배드렸다고 합니다. 그렇게 사모님이 목회자가 없는 3년 동안 교회를 돌보았습니다. 삼례교회에서 장로님들이 방문하여 예배를 인도함으로 하리교회는 목회자가 없고 순교의 상처가 있음에도 불구하고 계속 그 자리에 존속했던 것입니다.

하리교회의 역사와 오늘의 역사

처음 교회 건축이 된 곳은 와리와 하리 중간지점이었습니다. 이후 1962년부터는 현재 위치에 서 있습니다. 현재 화단이 이전한 이후에 처음 세워진 교회의 터라고 할 수 있습니다. 지금도 그 위치를 보면, 참으로 새로운 감격이 터져 나옵니다. 당시의 기준으로 본다면, 지금의 하리 교회의 모습을 생각해 볼 수 없었을 것입니다. 그리고 지금에서 과거의 과정을 본다면, 하나님의 살아계심으로밖에 해석할 수 없습니다. 두 공간의 차이는 불과 몇 미터밖에 나지 않지만, 그곳을

74년간 지키시고 보호하시고 운행하신 하나님의 놀라운 섭리라고 고백하게 됩니다.

하리교회는 물리적인 땅에서 지리적인 역사로 74년이 넘도록 버텨 왔습니다. 이건 진정 의미하는 바가 큽니다. '언제나 그곳에 있는 그것'이 교회의 힘이라고 생각합니다. 시대가 변하고, 환경이 변해도 교회가 그 자리에 있어 주는 것이 힘입니다. 교회가 그 지역에 계속 버텨주고 빛을 내주는 힘, 이것이 그 지역 마을과 역사에 긍정적인 역할을 해주는 상징적인 힘입니다. 교회는 그 힘으로써 의미와 쉼의 장소가 되기도 합니다. 사실 이건 교회의 지역성을 생각할 때, 아주 중요하게 고려되어야 할 신학적 의미를 지닙니다.

교회는 언제나 동일한 그 장소에 있지만, 깊이 생각해야 할 것은 어떻게 있냐는 것입니다. 그것이 미래를 바라볼 수 있는 오늘날 교회의 의미입니다. 교회는 완전히 생경한 형태의 미래성만을 지향하는 공동체는 아닙니다.

예전에 비하면 현재 하리교회에 많은 시설이 생겼습니다. 사택 위에 어린이부실로 사용하는 교육관이 생겼고, 교회 본당 옆에 비전홀과 사무실, 유치부실이 생겼고, 식당도 새로 생겼습니다. 이 자체가, 하나님 앞에서 살아 있는 역사요, 지금도 살아 있는 기적이요, 앞으로도 함께할 은혜입니다. 그러니, 앞으로 더 기대가 됩니다.

교회 예배당은 몇 년 전에 내부와 외부를 모두 새롭게 단장했습니다. 단장을 하면서 의미 있는 새김이 있었습니다. 그것은 '옛것'과 '새것'의 신앙입니다. 창고에 방치되어 있던 종을 발견하여 종탑을 세워 옛 추억을 상기시켜 주는 역할도 중요한 일이었습니다. 더불어 농촌에 있는 노후화된 건물의 시골교회라는 고착된 이미지가 있어 외부에서 '무엇이라도 도와주어야 한다.'는 생각을 갖도록 하는 마음이 저에게 불편했습니다. 농촌교회에 대한 이런 관점을 새롭게 정립해야 하는 부담이 있었습니다.

결국, 교회를 현대식 건물로 리모델링했습니다. 그러나 너무 생경하지 않게 했으며, 또 전통의 미학을 벗어나지 않게 했습니다. 이건 매우 어려운 작업인데, 많은 기도와 논의 끝에 성도님들과 함께 실현할 수 있었습니다. 또한 시설을 보수하고, 운동장과 화단을 정리하는 일들을 계속했습니다. 여기엔 교회의 상징성을 표현하려는 의도가 있습니다. 그것은 현대를 살아가는 교인들의 신앙이, 날마다 성장하면서 헌신하도록 하기 위함입니다. 그리고 고향을 떠나 타지에서 살고 계신 분들이 명절이나 고향에 방문했을 때 "하리교회가 여전히 성장하고 변하고 있구나."라는 마음을 주려는 숨은 의도도 있습니다. 본인들이 알고 있던 교회, 추억이 서려 있는 교회에 대한 자부심을 느끼도록 했습니다. 여기에 욕심을 낸다면, 자랑할 수 있는 교회가 되었으면 합니다. 그리고 그것이 '세대를 계승하는 신앙의 정신'이 아닌가 합니다. 하리 교회는 여전히 그 역사 속에서 자리 잡고 있으며, 동시에 솟아오르고 있습니다. 지금도 그 지점은 유효한 변화의 지점입니다.

역사가 살아 있는 유기물로서 교회

하리교회는 74년의 역사를 가진 교회로서, 하리 지역에서 가장 오래된 살아있는 유기물 중 하나입니다. 주민들에게 하리교회는 마을과 함께 존재하는 교회로 생각되는 것 같습니다. 옛날부터 교회는 마을의 놀이터였을 정도로 교회에 나와보지 않는 아이들이 없었다고 합니다. 가까이 사시는 어른들도 교회에 한두 번은 나오셨습니다.

그리고 지역이 목회자를 존중하는 분위기입니다. 마을에 크고 작은 행사가 있을 때마다, 목사님을 주빈으로 소개하고, 목사님의 의견을 청취하려고 묻기도 합니다. 이런 분위기가 있는 것은 교회의 장로님이나 성도들이 마을을 위해 봉사하는 일에 열심히 참여하기 때문이라고 생각합니다. 따라서 자연스럽게 목회자와 교회에 대해 상대적으로 긍정적인 기류가 생기게 된 것입니다. 이런 것이야말로, 돈으로 살 수 없는 중요한 가치라고 생각합니다.

현재 4대가 함께 신앙생활을 하는 가정이 있습니다. 할머니를 이어서 부모님과 그 자녀들, 그리고 손주에 이르기까지 신앙의 대를 이어가고 있습니다. 이러한 신앙의 모습들은 하리교회의 상징성이기도 합니다. 또 가정을 새로 이룬 젊은 세대들은 교회에 멀지 않은 전주 시내 거주하면서 성실하게 예배와 봉사에 참여하고 있습니다. 이것은 실로 하리교회가 살아서 움직이는 아름다운 역사로서 유기물인 증거입니다. 도대체 이 땅의 어떤 단체에 4대가 함께 공존하는 공간과 시간이 있을까요? 그 아름다운 역사를 책임져야 할 사명이 바로, '교회의 유기성'입니다. 그리고 하리교회에는 그런 유기적인 역사를 가진 시간과 공간이 있습니다.

순교지 기념교회

하리교회는 교단에서 순교지 기념교회로 선정된 교회입니다. 역사적으로 교단 내에서는 임광호 전도사님이 순교했다는 기록만 남아있었습니다. 그러나 사실, 어떻게 순교했는지에 대한 구체적인 이야기는 전혀 알려지지 않은 상태였습니다. 그것이 매우 아쉽습니다. 그렇기에 하리교회는 이 부분에 있어서, 좀 더 역사의식을 가지고 연구하는 중입니다. 또 유복자인 은행동교회 임창희 원로목사도 어릴 적부터 임광호 전도사님의 순교이야기는 듣고 자랐지만, 대외적으로 공개하는 일을 생각하지 못했다고 합니다. 그 이유는 '하나님이 다 알고 계시는데 사람들이 아는 것이 무엇이 그리 중요한가.'라고 생각하셨기 때문이라고 합니다. 게다가 목회를 하시다 보니 그럴 경황도 없었다고 합니다.

하지만 시간이 흐르면서 자식 된 도리로 순교자이신 아버지의 위치를 세워 드리기로 결심했습니다. 그래서 앞으로 목회할 자녀들에게 할아버지의 발자취를 보여주고, 한국교회와 성결교회의 좋은 이정표가 되려고 노력했습니다. 그리고, 임광호 전도사님이 목회하셨던 하리교회 성도들에게 조금이나마 신앙의 도움을 주고자 구체적인 순교이야기를 찾기 시작한 것입니다. 이미 그 당시에 함께 하셨던 많은 분이 고인이 되셨고, 6.25 한국전쟁 당시에 자료들이 소실 되었기 때문에 처음에는 어려움이 많았다고 합니다. 그러나 일부 생존하신 분들의 증언과 와리교회의 기록, 그리고 하리교회 성도들의 증언 등을 토대로 임광호 전도사님의 순교에 대한 사실을 확인할 수 있었습니다. 그즈음에 임광호 전도사님이 한국교회 역사 서적에서 순교자 명단에 등재되어 있던 것도 확인했습니다.

이후에 임광호 전도사님의 순교 관련 행사를 진행하게 됩니다. 첫째로, 50주년 추모예배입니다. 모든 순교 사실을 확인한 이후인 2000년 7월 20일에 임광호 전도사 순교 50주년 기념일을 맞이하여 은행동교회에서 추모예배를 드리게 되었습니다. 당시 총회장 강신찬 목사님을 비롯하여 교단과 지방회, 그리고 지역 국회의원 등 지도급 인사들이 참여하여 순교자의 삶과 영성을 기리는 시간이 되었다고 합니다.

둘째로, 한국기독교순교자기념관 순교제막식입니다. 2001년 6월 1일, 용인 한국기독교순교자기념관에서 교단의 역사편찬위원회 주최로 임광호 전도사 순교제막식을 거행하였습니다. 이렇게 될 수 있었던 것은 임광호 전도사의 제자인 임모 목사님의 도움이 컸다고 합니다. 초교파단체인 한국교회순교자기념사업회에 각종 증빙서류를 제출하여 공인받았습니다. 이 순교제막식에는 은행동교회 120명의 성도가 참석하였고, 당시 총회장 윤철중 목사와 역사편찬위원장 박현한 목사가 예배를 인도했습니다.

셋째로, 하리교회 순교비 제막식입니다. 초교파적으로 용인에 있는 한국기독교순교자기념관에 순교기념비를 세우기는 했지만, 정작 임광호 전도사님이 목회하고 순교하셨던 하리교회에서는 늦은 감이 있었습니다. 교단의 역사편찬위원회에서 순교자 규정을 다시 세울 때 비로소 임광호 전도사님의 관련 서류를 접수하고, 이후에 심리, 현장 검증, 그리고 증인 청취 등의 오랜 과정을 거쳐 순교사실이 확정되었기 때문입니다. 이 순교지 제막식에는 임광호 전도사님의 유족을 포함해 교단의 역사편찬위원회, 전주지방회, 성도들이 참여하여 순교 영성을 이어갈 것을 다짐하였습니다.

넷째로, 임광호 전도사 순교세미나입니다. 2018년 10월 23일에 하리교회에서 임광호 전도사님의 순교세미나를 개최하면서 순교 정신을 계승하고 발전시키기 위해 작은 기념비를 제막하는 행사를 가졌습니다. 오늘날 임광호 전도사님의 순교가 '우리에게 어떤 의미가 있는지?', '우리는 이 시대에 어떻게 살아가야 하는지?'에 대한 고민에서 시작된 행사였습니다. 그것은 순교 관련 콘텐츠가 거의 없어서, 순교 관련 자료를 수집하고 만들기 위한 세미나였습니다. 세미나를 통해 임광호 전도사님의 순교 정신을 새롭게 발견하게 됩니다. 그것은 시편 18편 1절에 "나의 힘이신 여호와여 내가 주를 사랑하나이다."라는 말씀을 늘 묵상했던 전도사님의 생애와 신앙을 기리며, '하나님 사랑, 교회 사랑, 성도 사랑'의 정신으로 순교하셨다고 보는 것입니다.

하리교회는 2022년에 교단 역사편찬위원회로부터 순교성지라는 명패와 함께 교단 내의 11개 순교기념교회 중에 하나로 인정받고 있습니다. 지금은 많은 사람이 하리교회가 순교기념교회이며 임광호 전도사님의 순교이야기가 있는 교회인 것을 알고 있습니다.

진실·화해를 위한 과거사 정리위원회에서는 2023년 11월 28일에 임광호(본명은 임광우로 알려짐) 전도사님에 대한 전북지역 적대세력에 의한 희생사건을 조사한 결과, 진실규명결정을 내렸습니다. 위 위원회에서 보내온 결정서에 따르면, '1) 임광우의 희생 경위에 대해서 신청인(임창희 목사)과 참고인들(김복순 사모, 이병성 목사)이 구체적이고 일관된 진술을 하고 있는 점, 2) 참고인 김00(복순)이 임광우의 연행과 구금과정을 목격한 사실이 있는 점, 3) 임광우의 축도일이『한국전쟁 시기 기독교 희생사건 관련조사』의 희생일과 일치하여 사건시기에 해당되는 점, 4)『한국전쟁 시기 기독교 희생사건 관련조사』에서 임광우의 피해 사실이 확인되는 점 등을 종합해 볼 때, '진실규명대상자 임광우는 기독교인으로 종교활동을 했다는 이유로 1950년 7월 20일 삼례면 월산리 바위 밑에서 삼례치안대원에게 희생된 것으로 판단된다.'고 하였습니다. 비록 늦은 감이 있으나 정부 차원에서 공적으로 순교 사실을 규명하였다는 점에서 의미 있는 일이었습니다.

1부. 무엇이 '하리교회'를 세웠는가

3. 선교가 바라본 하리교회

선교적인 교회

지금의 하리교회에서 가장 중요한 키워드는 '선교적 교회'입니다. 하리교회는 이미 초교파적으로 선교하는 교회로 알려진 교회입니다. 교단 내에서도, 하리교회는 많은 지역에 선교하고, 단기선교를 많이 나가는 교회로 알려져 있었습니다.

제가 선교지에 있을 때, 하리교회에 부름을 받은 것은, 하리교회가 선교를 많이 하는 교회였기 때문이라고 생각합니다. 하리교회의 선교적 방향은 선교사 출신인 저와 무관하지 않은 것입니다. 그래서 부임한 이후에 '어떻게 교회의 선교역량을 확대할 것인가?'를 고민하게 되었습니다. 이 부분을 강조하면서 이론적인 부분들을 채워가는 일들도 시작했습니다. 그리고 그 결과는 다음과 같습니다.

우선 매년 '선교학교'를 개설하여 선교를 어떻게 전략적으로 해야 하는지를 배우는 시간을 가졌습니다. '선교학교'라고 해서 복잡한 교육과정을 만들지 않고, 기존에 있는 선교 관련 책자에 기본이 되는 책을 선택하여, 교회 안에 단기 선교사 경험이 있는 분들과 선교사들에게 부탁하여 강의를 개설하였습니다.

이후에 선교학교에서는 해외에 관한 선교가 아닌 지역에서 바라본 선교라는 주제로, 우리가 살고 있는 삼례지역과 전주, 그리고 전북, 한국의 중요한 선교 역사를 지역의 목회자와 선교학자를 통해 듣는 시간을 가졌습니다. 선교학교 과정 중에 삼례와 전주에 선교사들이 세운 교회와 병원, 학교 등을 직접 방문하고, 외국인 선교사 묘역도 찾아가 보았습니다.

　이후에 진행된 선교학교에서는 아시아와 유럽, 그리고 아메리카 등 대륙별 선교 흐름과 동아시아의 선교 현황을 살펴보았습니다. 그리고 한국의 이주민 선교에 대해 전반적인 상황을 이해하고 실례를 접하는 시간이었습니다. 또한, 인도 단기선교를 가기 전에 인도, 네팔, 방글라데시 등 서남아시아에 대한 부분을 함께 배우는 시간이었습니다.

　그리고 선교위원회를 통해 교회에서 가까운 지역에 있는 선교 유적지들을 돌아보는 시간을 갖고 있습니다. 전주와 완주 지역에 선교사님들이 세우고 순교한 교회와 학교, 병원 등이 있는데 이런 곳에 성도들과 방문하여 배우는 시간을 가지며 많은 은혜를 받았습니다.

　선교학교 참여 인원은 보통 40명 정도입니다. 선교위원회의 지원을 받아 선교학교를 진행하지만, 무료로 진행하지는 않습니다. 교회에서 리더십학교, 교리학교, 소그룹 모임 등도 운영하지만 가급적 적은 액수라도 회비를 받고 있습니다. 물론 청년과 학생들에게도 받습니다.

'학교'라고 하면 보통 특별한 교육과정이 필요하다고 생각할 수 있는데 단순한 아이디어만으로도 가능합니다. 그리고 여기에 왜 이런 교육을 해야 하는지에 대한 당위성만 있으면 어느 교회나 가능하다고 생각합니다.

물론 한정된 교회의 인적 자원으로는 어려울 수 있다고 생각할 수도 있습니다. 제가 목회자 혼자서 또는 선교사 출신이라는 이유로 모든 교육을 다 하지는 않습니다. 주변에 선교자원이 넘쳐나기 때문입니다. 교단의 행정가, 선교사들, 지역 선교학자들, 그리고 교회 내에도 선교자원이 많습니다. 이분들이 연구하고 참여하며 강의할 기회를 제공하면 충분히 가능합니다.

'선교학교'에 중요한 원칙이 있는데, 하리교회에서 단기선교에 참석하는 사람들은 이 과정에 필수적으로 참여해야 한다는 것입니다. 그리고 제가 선교학교를 통해 얻고 있는 것은 강의하는 선교사님들이 자신의 선교지 선교전략을 정립하고 개발한 것을 수집하고 배울 수 있다는 것입니다. 선교학교를 시작하려는 교회는 처음부터 많은 것을 시도하기보다 우리 교회에서 할 수 있는 선교, 선교하는 선교지에 주안점을 두고 시작하면 좋을 것입니다. 그리고 교단이나 선교지에서 개발한 선교 프로그램에 참여하는 것도 하나의 방법입니다.

마을과 지역 속 교회의 역할

성도들이 마을 일에 적극적으로 참여하는 것이 중요하다고 강조합니다. 물론 입으로 예수님을 전하고, 교회에 나오라고 권면하는 것도 전도지만, 우리가 예수 믿는 사람으로 삶에서 묵묵히 자신의 역할을 감당하는 것도 넓은 의미에서 전도라고 생각합니다. 그래서 종종 설교 시간이나 광고 시간 혹은 교인들을 교육하는 시간에 마을에서 필요로 할 때 최선을 다해 참여해야 한다고 거듭 강조하고 있습니다.

마을이나 지역 혹은 국가의 일도 나에게 주어진 일이기에 의무를 다하라고 합니다. 그런 의무를 다하는 것도 소명을 감당하는 것이라 생각합니다. 소명도 다하지 않으면서, 사회에 대해 냉혹한 평가만 하지 말고, 사회에 자신의 책무를 다하면서 정책을 개진하는 노력이 필요하다고 말합니다.

그 지점에서 참 재미있는 모순도 있습니다. 그것은 지역에 있는 교회일수록, 지역의 일을 하지 않는 경우들이 더러 있다는 것입니다. 교회의 존립과 교회의 이익을 이해하고 지역에 있는 교회로서 지역의 흐름과 결을 달리하는 것은 바람직하지 않다고 생각합니다.

마음을 같이 하며 마을과 함께 걷는 교회

마을에 감사한 것은, 마을에서 하는 행사를 교회 행사와 겹치지 않도록 배려한다는 것입니다. 물론 교회에서도 마을에 중요한 행사가 있을 때는 인위적으로 연기하는 경우가 있습니다. 마을의 이장님이나 마을에 계신 성도님들이 미리 교회에 알림으로 서로 겹치는 행사일정을 조정하는 것입니다. 계절에 따라 교회에서 산악회나 단풍 구경을 가는 경우, 마을에서 갔다 온 지역은 피하거나 행사의 기간을 조정하기도 합니다.

마을 행사에 교회가 일방적으로 휘둘리거나, 반대로 교회가 독립성만을 갖는다고 고집하는 것이, '좋은 교회'의 전제는 아닙니다. 더 나아가 이런 기준들이, '좋은 교회'라는 기준으로 성립되지도 않습니다. 오히려 교회는 본연의 일을 하는 동시에, 지역과 함께 하거나 지역에서 놓치는 부분을 채우는 역할을 해야 한다고 생각합니다.

저는 마을에 애경사가 있을 때, 교인이 아니더라도 무조건 찾아갑니다. 마을 이장님들이 연락하시거나 교인들이 마을의 소식을 알려 오면, 장로님들과 동행하여 짧게라도 방문하여 인사합니다. 그분을 전도하겠다는 의도보다는 지역교회가 당연히 마음을 같이 한다는 정도로 받아들여지길 원하는 마음에서입니다. 교회에서 방문하여 인사한 것을 오랫동안 잊지 못한다고 하시는 주민들이 많습니다. 바로 이런 것들이 마을에서 하리교회를 세우는 힘이 아닐까 생각합니다.

1부. 무엇이 '하리교회'를 세웠는가

4. 하리교회로 부르심

하리교회 담임목사로의 부르심

2015년 어느 날 갑자기, 전임 목사님에게 전화가 왔습니다. 본인이 다른 교회로 부임할 것 같은데 하리교회의 담임목사로 저를 추천하고 싶다고 하셨습니다. 다른 분과 복수로 추천하려고 한다는 말씀도 첨가하였습니다. 저는 가급적 다른 분을 추천하시라고 했는데 이후에 상황이 변해 단수로 추천했으니 기도해 보라 하셨습니다. 한 달쯤 기도한 이후에 하리교회의 요청에 응답하기로 했습니다.

하리교회에서 '나를 담임목사로 청빙하게 된 이유가 무엇일까?' 아마도 하리교회가 선교하는 교회이기 때문에 그에 맞는 목회자가 필요했던 것 같습니다. 선교에 대해 이해하고, 선교를 지속적으로 할 수 있는 사람이 필요했던 것 같습니다. 제가 인도 선교사로 있을 때 하리교회에서 세 차례 단기선교를 왔었습니다. 그래서 청년, 장년 성도분들과 이미 안면이 있었던 상태였습니다. 선교사였지만, 한인교회도 담임하고 있었기 때문에 목회의 공백기 없이 사역할 수 있으리라 생각했던 것 같습니다.

짧은 기간에 제가 한국에 돌아오기로 결정한 이유는, 선교지에 나가기 전부터 기도했던 부분이 많이 작용했습니다. 고등학교 때 선교사로 헌신을 다짐하고, 한국에서 부교역자로 사역까지 경험한 이후였기 때문에 '하나님이 앞으로 어떻게 인도하실지'가 궁금했습니다. 그래서 하나님께 '10년 동안 선교사로 사역한 이후에 하나님이 인도하시는 대로 순종하겠습니다. 인도에서 평생 선교사로 헌신하라고 하면, 그렇게 하고, 만약에 다른 길로 인도하시면 순종하겠습니다.'라고 기도했습니다. 하지만, 한국에 오기 전까지 10년 동안 아무리 기도해도 천장에 검은색이 칠해진 것과 같이 아무것도 보이지 않고, 깜깜했습니다. 하나님의 인도하심을 전혀 분간할 수 없을 정도로 어두웠습니다.

그런 저에게 한국에 돌아오기 몇 년 전부터 한국교회에 대한 부담감이 있었습니다. 한국교회가 성장 둔화를 넘어, 쇠퇴한다는 가슴 아픈 소식 때문이었습니다. 해외 선교가 힘있게 이루어지기 위해서는 한국교회의 지원이 절실하게 필요하다고 생각했습니다. 만약, 한국교회가 약해진다면, 자연히 해외 선교도 약해질 수밖에 없다고 생각했습니다.

선교사로 가장 행복했던 시간에 마주한 위기감

인간적인 마음으로는 인도에 선교사로 남아있고 싶은 생각도 있었습니다. 한인교회 사역만 보더라도 그러했습니다. 결정하기 전, 일주일 동안 교회 자모실에서 철야를 하면서 기도했습니다. 그간 이루어 놓은 것을 놓고 가야 한다고 생각하니 눈물도 났습니다. 선교지에서 젊은 청년 시절을 다 쏟아 놓았다고 해도 과언이 아니었기 때문입니다.

처음 뿌네한인교회 담임을 맡았을 때, 교인 규모는 약 20여 명에 거의 100%가 유학생이었고 장년은 두세 명뿐이었습니다. 그런데 해가 갈수록 유학생과 주재원들이 자연적으로 많아지면서, 임대하던 현지 교회에 주차장을 확보하고, 세미나실을 개조하는 일을 시작했습니다. 이후에 교인 100명 이상이 되자 임대하던 현지 교회는 더 이상 인원을 수용하지 못하여 새로운 공간으로 이전하게 되었습니다.

교회도 수적으로 부흥하여 재적으로는 200명 정도, 평균적으로 150명 정도의 성도가 출석하는 교회가 되었습니다. 목회가 참으로 재미있었습니다. 주재원들이 대부분 중소기업의 사장 혹은 대기업의 부장급이다 보니 경험이 많아 웬만

한 일은 눈빛만 봐도 알아듣는 것 같았습니다.

한인교회에서 처음에는 사례를 받지 않았습니다. 이후에는 한인교회 재정 규모에 비해 적은 액수이지만, 사례비와 주택비도 지원받다 보니 경제적으로 풍족할 정도였습니다. 지역의 현지교회와 선교사님들을 어느 정도는 마음껏 섬길 수 있게 되었습니다. 문화원을 세워 한국문화를 소개하고, 한국어를 가르치는 일 등을 함으로 선교지에 가기 전에 생각했던 선교사역을 거의 100% 이루어 가고 있던 때였습니다.

한인교회 성도들과의 관계도 너무나 좋았고, 지역의 선교사님들과 교단의 선교사님들, 현지 목회자들을 비롯하여 인도 교단을 대표하는 리더들과도 좋은 관계를 유지하고 있었습니다. 한마디로 행복했습니다. 이제 적당히 하기만 해도 많은 열매를 맺을 수 있는 시기였습니다. 그런데 이것이 저에게는 위기라고 생각했습니다. 이렇게 만족한 상태, 평안한 상태로 있는 것이 저를 불안하게 만들었습니다. '이렇게 편안하게 살다가 인생을 마무리하는 것이 아닌가?' 하는 생각이 들었습니다. 소위 말하는 목회의 전성기 같은 시기에 안정감으로부터 오는 위기를 느끼게 된 것입니다.

한국교회에 대한 부담감

앞서 말씀드린 것과 같이 한국교회에 대한 개인적인 부담감이 있었습니다. 제가 선교사로서 사역을 하면서 한국교회로부터 기도와 훈련, 지원을 받았습니다. 이제는 한국교회에 역할을 해야겠다는 생각을 갖게 되었습니다. 그리고 선교지의 상황을 보면서 더욱 그런 생각을 하게 되었습니다.

언젠가부터 선교사의 수가 급감하기 시작했습니다. 그리고 선교사 지원과 사역하는 선교사들의 고령화 현상을 보게 되었습니다. 이것은 한국교회의 청년층이 선교사로 헌신하지 않는다는 것이고, 자연히 신앙을 가진 젊은이들이 많지 않다는 결과로 나타나게 된 것입니다. 그리고 왜 그런 일이 생겼는지는 알 수 없지만, 목회자들이 사역지를 이동하면서 금품이 오간다는 이야기가 들려와 가슴 아팠습니다. 저는 한국교회의 부흥을 직접 경험했던 세대이기 때문에 변해버린 한국교회에 대한 안타까운 마음도 있었습니다.

돌아오게 된 한국교회, 하리교회

그렇게 하리교회에 오게 되었습니다. 장로님들과 성도들이 순수하고, 비록 전형적인 농촌교회이지만, 선교에 대한 마음을 가진 교회였기 때문입니다. 하리교회를 통해 한국교회에 작은 움직임을 줄 수 있을 것이라고 생각했습니다. 그런 움직임을 보여줄 수 있다면, 한국교회는 다시 새롭게 뛸 수 있다고 판단했습니다. 그 이유는 교회가 가진 생명의 고동이 동일한 울림을 가지기 때문입니다. 제가 개인적으로 소명 받았을 때와 같은 움직임이 하리교회에도 있을 것이라 확신했으며 앞으로 더욱 그럴 것이라 기대하고 있습니다. 그래서 저는 하리교회에 담임목회자로뿐만 아니라 한국교회를 섬기는 사역자로도 왔다 생각하며 사역하고 있습니다.

하리교회를 통해 한국교회를 보고 온 것입니다. 하리교회가 농촌지역이고, 많지 않은 교인이라고 해도 한국교회에 충분히 자극을 줄 수 있다고 확신합니다. 대형교회는 자연히 그런 역량을 가지기에 어떤 일이든 가능하겠지만, 그렇지 않은 교회도 충분히 그보다 큰 역할을 감당할 수 있다고 생각합니다.

선교지에 있을 때 어느 정도 규모가 되는 교회를 소개해 주려는 시도들이 있었습니다. 그러한 마음이 한국으로 오게 된 이유의 전부였다면, 당시의 선교지에서 바로 왔겠지만, 저는 그렇지 않았습니다. 오히려 하나님의 부르심에 대한 충분한 시간이 필요했고, 10년 후에 '인도하시면 순종하겠다.'고 저 혼자 하나님께 약속했기 때문입니다. 그러기에 하리교회는 오묘한 하나님의 섭리 가운데, 만나게 되었습니다.

하리교회가 한국교회에 미치는 영향

예상했던 일들은 아니지만, 제 나름대로 사역하면서 작은 움직임들을 보게 됩니다. 해외선교와 동시에 마을을 중심으로 전도하는 날을 정했습니다. 수요일에 전도하는 날을 정해 가가호호 방문하여 전도하고, 교인들을 심방하였습니다. 내심, 수요일에 전도를 시작하여 나중에는 매일 전도하게 되기를 바라며 시작한 것입니다. 현재는 매월 셋째 주일에 전 교인이 지역을 나눠 전도하는 날로 정착하였습니다.

처음 삼례읍에 나가 전도할 때 다른 교회에서는 전도하지 않았습니다. 저희는 전도 용품을 나누어주거나 차를 대접하면서 교회를 소개하는 일들을 계속했습니다. 그러자 점차 다른 교회에서도 전도하기 시작했습니다. 전도의 경쟁이 생긴 것이 아니라, 함께 전도하는 일이 시작된 것입니다. 이것이

제가 이 지역에서 바라본 일이었습니다. 강제적이지 않고 자연스럽게 시작하면 다른 교회도 전도할 것이라는 확신이 들었던 것입니다.

또 하나는 전형적인 시골교회라도 마을과 지역을 넘어 세계 가운데 충분히 각자의 역할을 할 수 있다는 가능성을 보여준다는 것입니다. 작은 규모의 재정과 인적자원이지만, 위원회와 기관, 그리고 개인을 통해 국내외 50개가 넘는 도움이 필요한 곳을 지원하고 있습니다. 교회만이 아니라 위원회, 혹은 구역, 가정, 개인을 통해서도 지원하거나 각자의 역할을 감당할 수 있다는 것을 보여줍니다.

인도 선교사로서의 사역

인도 선교사로 있을 때 크게 4가지 사역을 했습니다. 첫째, 교회 개척과 건축 사역, 둘째, 신학교 사역, 셋째, 학원 사역, 넷째, 한인교회 사역입니다. 『선교는 기쁨이다』(CLC, 2021)에서 언급한 바와 같이 선교는 저에게 기쁨이요, 행복이었습니다.

저희 기독교대한성결교회의 인도 선교는 협력 선교입니다. 1954년에 시작된 인도복음주의교회(인도성결교회)와 다양한 사역에서 철저하게 협력하고 있습니다. 그중에 교회건축 사역은 저희 교단 선교사가 파송되기 전부터 시작하여 한국교회의 도움으로 이미 199개 교회의 건축 후원이 이루어졌고, 선교사가 파송된 이후에는 2024년까지 350여 개의 교회가 건축되었습니다. 저는 131개 교회를 건축하는데 책임을 맡아 사역했습니다. 목회자 생활비 지원과 생활 자립을 위한 염소농장과 소농장 지원 사역도 함께 했습니다.

인도복음주의교회 교단 안에 3개의 4년제 신학대학이 있고, 10개의 성경학교가 각각의 다른 주에 설립되어 있습니다. 4년제 신학대학에는 각각 100명이 넘는 학생, 성경학교에는 각각 10-50여 명의 학생들이 주 언어와 영어 등 이중언어를 사용하면서 배우고 있습니다. 여기에 객원교수로 사역하면서 장학금 지원 사역도 병행했습니다.

저는 학원 사역도 감당했는데 초창기 30여 명의 유치원에서 시작하여 현재는 10학년(우리 학제로 고등학교 1학년)까지 있는 발세와학교로 약 1,200여 명의 학생들이 공부하는 학교로 발전했습니다. 땅을 사고, 그 위에 4층 건물을 올리고, 옆에 있는 건물을 임대하여 교실로 개조하는 일들을 통해 하나님께서 너무 큰 은혜를 주셨습니다.

또 하나는 뿌네한인교회 목회사역인데, 예상하지 못했지만 감사로 충만했습니다. 인도에 들어가 주일에는 주로 20여 명의 유학생이 있는 한인교회에 출석하면서 적응하는 기간을 가졌습니다. 담임하셨던 선교사님이 1년 후에 안식년차 한국으로 들어가신 이후에 줄곧 한인교회를 담임하면서 한인들을 위한 쉼과 활력, 그리고 인도 생활의 적응 장소 역할을 하게 되었습니다.

대표적인 한인교회 사역으로 거창하게 준비한 한인음악회를 개최하고, KFC(Korea Football Club) 축구팀을 운영했습니다. 그리고 인도의 빈민과 고아원, 특수학교에 담요와 구호품을 전달, 협력하여 교육하는 일도 담당하였습니다. 또한 한인회 태동과 발전에 기여하였습니다. 교인 수가 해마다 늘어 120명이 넘을 때 새로운 건물의 사무실 3개를 임대하여 이전하면서 코인문화센터(KoIn Cultural Centre, 코인-한국인도)를 세워 한인교회와 문화센터로 활용하고, 이후에 한글학교도 이곳에서 운영하게 되었습니다.

선교사 이력이 목회에 미치는 영향력

선교사에 대한 일반적인 선입견이 있습니다. 많은 사람들이 선교사들이 자기 주장이 강하고 사람들과의 관계 가운데 사역하는 목회에 부정적인 관점을 가지고 있다고 생각합니다. 이러한 견해도 일리가 있다고 생각합니다. 실제로 대부분의 선교사들은 개척정신을 가진 외향적인 성향의 분들이 많습니다. 하지만, 우리 교단 외에 다른 교단에는 이미 선교사 출신 목회자가 많습니다. 그분들이 선교사의 강점을 목회 현장에서 발휘되고 있다는 평가 때문일 것입니다.

이미 척박한 환경을 경험했던 터라 어지간한 어려움은 쉽게 넘어갈 수 있는 여유가 있는 것이 장점 같기도 합니다. 처음 보는 사람이나 새로운 환경에 적응하는 능력이 탁월하여, 다양한 목회 현장에서 만나는 어려움을 슬기롭게 넘길 것으로 기대할 수 있습니다.

저는 선교지에 가기 전에 계속해서 목회 현장에 있었고, 선교지에서도 한인교회와 현지인 교회와 동역했기 때문에 한국 목회 현장에 대한 부담은 상대적으로 적었습니다. 다만, 새벽기도회를 잘 인도할 수 있을지가 걱정이었습니다.

한인교회는 안전상의 이유로 새벽에 모이는 것을 자제하여 새벽기도회가 없었습니다.

하리교회는 선교에 관심이 높고 선교 지향적인 교회였기 때문에 선교사에 대한 거부감이 상대적으로 적었을 것입니다. 다만, 교회가 너무 많은 선교사역을 하게 되지 않을까 걱정했을 것입니다. 하지만 저를 통해 교회가 선교의 방향과 선교 방법을 선교 현장에 맞게 후원하고 기도하는 일이 더 수월하지 않았나 생각됩니다.

저는 인도에서 사회학 박사과정 중에 논문을 끝내지 못하고 돌아왔기 때문에 박사학위를 어떻게든 마무리하고 싶었습니다. 그래서 선교사로 파송 받아 중단했던 박사과정에 재입학하여 인도 선교에 대한 전략을 학문적으로 정리했습니다.

선교사 출신으로 목회 현장에 있으며 선교학자로서 선교이론으로 교회와 선교 현장을 연결하는 일이 저에게는 축복이라고 생각합니다. 교단 내에서 이런 사례가 많지 않기 때문에, 이러한 선례를 잘 남겨야 한다는 부담이 있습니다.

이런 장점 때문에 한국세계선교협의회(KWMA)와 제4차 로잔대회를 위한 목회자 콘퍼런스와 신학위원회에 참여하는 기회가 주어진 것 같습니다. KWMA에서는 지역목회자로서 선교적인 시각을 가지고 지역을 섬기는 사례를 방송을 통해 소개하고, 선교단체와 교회 간의 관계 형성을 위한 대안을 마련하는 포럼에 참석하여 발표하거나 논의하는 자리에 서게 되는 것 같습니다.

로잔대회

로잔대회는 복음전도자 빌리 그래함(Billy Graham)과 함께 시작했습니다. 빌리 그래함은 1970년대에 정치, 경제, 지성, 그리고 종교적 격변이 일어나는 세상 속에서 교회가 숨겨진 사상과 가치를 파악해야 한다고 보았고, 1974년 7월 스위스 로잔에서 150개국 2,400명이 넘는 참가자들로 열린 첫 번째 대회입니다. 여기에서 세계 선교를 위한 신학적 기초를 세우고, 미전도 종족에 대한 관심, 그리고 복음 전도와 사회 정의가 모두 선교사역에 필요하다는 통전적 선교에 대해 역설하였습니다.

두 번째 대회는 1989년 필리핀 마닐라에서 개최되었는데 구소련과 동유럽 국가 출신들, 그리고 여성과 평신도 리더들의 참여가 부각되었습니다. 이 대회를 통해 '10/40창'이라 불리는 개념이 제시되어 교회와 선교단체들이 10도에서 40도 사이의 지역의 사역에 집중하도록 도와주었습니다. 그리고 다양하고 중요한 선교적 이슈를 다루는 300개 이상의 선교 파트너십과 네트워킹, 그리고 새로운 사역들이 탄생하는 데 중요한 역할을 했습니다.

세 번째 대회는 2010년 남아프리카공화국 케이프타운에서 열려 세계교회를 위한 플랫폼을 제공하는 기회가 되었습니다. '크리스채너티 투데이'에서 제3차 로잔대회를 설명하기를 '과거 그 어느 때보다 더욱 젊고, 인종적으로 다양하며, 지리적으로 다채로운 복음주의 리더들의 협력적 모임'이라고 했습니다.

네 번째 대회인 제4차 서울-인천 로잔대회는 2024년 9월 22일부터 28일까지 인천 송도 컨벤시아에서 현장에 222개국 5,000여 명이 참석했습니다. 여기에는 목회자, 선교사, 기업가, 정치인, 직장인, NGO, 예술가, 법률가, 교육자, 환경운동가 등이 참석하였습니다. 주제는 '교회여, 함께 그리스도를 선포하고 나타내자.'로 전 세계 기독교 지도자들의 영향력과 25개의 큰 이슈 트랙을 중심으로 아이디어를 연결하는 대회가 되었습니다.

저는 처음에 로잔위원회 국제총무인 서울신학대학교 최형근 선교학 교수를 통해 목회자 콘퍼런스에 참여할 것을 권유받았습니다. 이후 제4차 로잔대회를 준비하는 영역 중에 말씀묵상 네트워크팀을 통해 사도행전 말씀을 함께 묵상하는 사역에 동참하고, 로잔교수회를 주축으로 하는 신학위원회에 참여하여 로잔의 정신과 역할, 그리고 한국교회의 방향성을 고민하였습니다. 하리교회에서는 대회를 위해 함께 기도하는 시간을 갖고, 자원봉사나 재정적으로 후원하는 일들을 진행하였습니다.

선교사 출신의 목회자

저는 목회 현장에서 활동하는 선교사 출신 목회자로서, 잘하고 있다기보다는 열심히 하고 있다는 표현이 더 적합하다고 생각합니다. 그러나 고민하는 부분도 있습니다. '역사는 언제나 변방에서 일어난다.'는 말처럼, 하리 지역에서 새롭게 역사를 세워나가고 싶습니다.

갈릴리와 같은 지역에서 예수 운동이 일어나 변화를 일으켰듯이 '하리'라는 지역에서 변화를 주는 일이 가능하리라 생각합니다. 그리고 선교사 출신이 목회도 잘한다는 소리를 들을 수 있다면 그것도 저에게 의미가 있습니다. 제가 잘해야 선교사들이 국내 사역에 복귀할 때 긍정적으로 보는 계기가 되기 때문입니다. 선교사 출신으로 목회 현장에 있는 것이 축복이요, 때로는 부담되는 측면이 있습니다.

제가 감당해야 할 일이 많다고 생각합니다. 물론 누가 시키거나 요구한 것은 아닌데 그 일을 누군가 해야 한다고 생각하는 일들이 있습니다. 자주 저에게 질문합니다. '굳이 내가 이것을 해야 하는가?'라는 것입니다.

사회적인 책임일 수도 있고, 아니면 공적 차원이라고 할 수도 있겠습니다. 인도에서 비자 해결을 위해 공부했던 사회학이 사회를 보는 눈을 열어준 것 같습니다. 사회문제에 대해 고민하다 보니, 자연스럽게 사회에서 바라보는 교회, 교회의 정체성에 대해 생각해 보곤 합니다. 사회에 대안을 줄 수 있는 교회가 되어야 하는데 사회의 근심과 지탄받는 소리를 들을 때면 마음이 아픕니다.

더구나 젊은 세대의 교회 이탈률이 심각하다는 것은 다 아는 사실입니다. 교회의 문제도 있지만, 현대를 살아가는 세대의 흐름이 교회로의 발걸음을 무겁게 하는 것이 아닌가 생각했습니다. 저는 공부를 하면 할수록, 경영학이 세상의 학문이 아니라, 목회에 필수적인 요소들을 다루는 학문인 것을 깨달았습니다. 이런 말이 정확한 표현일지 모르지만, 경영학을 공부하는 시간이 은혜를 받고 세상을 바라보는 시각이 더 넓어지는 시간이었습니다. 그리고, 제4차 산업혁명 시대의 요구가 무엇인지도 이해할 수 있는 시간이었습니다.

경영학을 사람을 물건처럼 다루기 위한 학문으로 오해하는 이들이 있습니다, 이러한 오해는 과거에 경영학을 잘못된 관점으로 적용한 경우들로 인해 생긴 것입니다. 그러나 오늘날 목회에서 경영학은 목회에 전적인 도움을 주는 학문이라고 확신합니다. 우리가 전도하거나 조직을 구성할 때 기도만 하면 된다고 말하는 사람이 있을 수 있지만, 전도하기 위해 대상을 선정하고, 전도지를 만들고, 전도 현장에 나가서 전도 대상자를 '어떻게 만날 것인가.' 고민하는 노력이 필요합니다. 이런 것들이 전도 전략입니다. 물론 모든 일은 기도로 시작해야 합니다. 그러나 그것을 성취하기 위해 주님이 주시는 지혜를 찾아야 합니다. 물론 인위적이고, 인간적인 방법은 안 됩니다. 하지만, 주님의 마음으로 전략을 구성하여 실행하는 일은 필요한 법입니다.

이런 전략들이 피상적으로는 경영학적인 부분으로만 비쳐질 수 있지만, 경영학은 성경을 보는 통찰력을 확장시켜 줍니다. 그리고 목회 현장에 절대적으로 필요한 부분들입니다. 그래서 선입관을 가지지 않고 세속적인 학문으로만 보지 않고, 목회에 도움이 되는 창조적인 작업의 일환으로 바라봐야 한다고 생각합니다.

우리가 전도할 때도 그냥 하지 않습니다. 필요한 대상에 따라 전도 방법을 가지고 전도합니다. 그래서 교회를 알리는 것, 복음을 선포하는 것에 있어 '어떻게 효과적으로 알리고 전할 것인가?'가 중요합니다. 학문 용어로 '마케팅'인데 우리가 교회에서 마케팅이라고 하지는 않습니다. 우리의 전도 방법의 대전제는 성경적이어야 합니다. 그것을 세상의 용어로 표현한다면, 성경적 마케팅이어야 한다는 것입니다. 다른 신앙 영역에서도 마찬가지입니다. 용어 사용과 본질의 문제이지 어느 학문이든지 목회 현장에 통찰력을 제공해 준다고 생각합니다.

우리 목회 현장은 다양한 학문의 복합체라고 할 수 있을 것 같습니다. 그런데 유독 거부반응을 일으키고, 신앙적이지 않은 것처럼 치부하는 경향이 있습니다. 목회자들은 그런 편협한 시선을 돌려야 합니다. 그런 일들이 가능하다면, 제가 경영학을 공부한 소기의 목적이 달성되었다고 해도 과언이 아닙니다.

새로운 공부

얼마 전 새로운 공부를 시작했습니다. 경영학을 공부할 때도 주변의 목회자들이나 성도들에게 말하기가 어려운 부분이 있었습니다. 대부분 "공부를 계속할 필요가 있느냐?", "목회만 잘하면 되지." 와 같은 반응들이었습니다. 그런데 저는 목회를 더 잘 하고 싶은 마음에 연구를 계속하는 것입니다.

현재는 가까운 국립대에서 법학 박사과정 중에 있습니다. 일반 목회자로서 법에 대해 모르는 부분이 많기도 하고, 법에 대한 해석과 적용에 관한 소논문을 정기적으로 작성하려는 개인적인 목표가 있기 때문입니다. 일부 교회 지도자 중에 법을 전공하신 분들이 계시지만, 어떤 문제가 불거지면, 흥분부터 하는 경우가 간혹 있는 것 같습니다. 그래서 법의 취지와 범위 안에서 논리적으로 의견을 제안하여 사건의 정황과 입장에 따라 편 가르는 모습을 최소화하는 일을 하고 싶습니다. 법을 전공하고 법을 조금 안다고 쉽게 판단하고 정죄하기보다는 법의 정신과 필요한 용어를 정확하게 제시함으로 합리적으로 문제가 풀어지도록 하는 역할을 할 수 있다면 좋겠습니다.

하리교회로 부르신 이유

제가 청빙 받을 당시에 하리교회는 선교하는 교회로 주변에서는 어느 정도 알려진 상태였습니다. 교회 안에서도 선교에 대한 이해와 헌신도가 높은 상태였습니다. 여러 번 단기선교를 실시했고, 현지인들이 교회에 방문하여 성도 가정에서 생활한 경험까지 있었습니다. 다만, 선교에 대한 피로감을 감지할 수 있었습니다. 선교에 대한 강조와 반복적인 후원이 실제적으로 단기선교 등에 참여하는 사람들 외에는 부담으로 다가올 수 있다는 것입니다.

현재는 매년 선교학교를 진행하고 있으며, 선교위원회 내에 선교연구부를 신설하여 장기적인 선교 정책을 세우는 일을 추진하고 있습니다. 이를 통해 열심히 선교를 지원하지만 실제 선교 현장에 나가기 어려운 분이나, 선교 현장에 열심히 동참하지만 선교에 대한 이해가 부족한 분에게 선교 이론을 배우는 기회를 제공하고 있습니다.

단기선교는 필리핀과 인도에 집중되었던 전략적인 선교지를 다변화하여 3년 주기로 단기 선교팀을 파송하고 있습니다. 첫째 해에는 근거리의 개발도상국 위주로, 둘째 해는 원거리의 경제개발 선진국 위주로, 셋째 해에는 서남아시아 지역 위주로 편성하여 진행하고 있습니다.

또한, 하리교회 안에 '맘스 이주민 지원센터'가 있어서 과거에 정부기관의 지원을 받으면서 이주 여성들이 한국에 정착하도록 돕는 역할을 했습니다. 지금은 이주민선교에 관심을 기울이며 선교위원회 내에 다문화선교부를 두어 유관기관에서 감당하지 못하는 부분이 있으면 저희가 감당하려고 연구하고 준비하고 있습니다.

삶 가운데 선교가 녹아들도록 하는 역할이 필요했던 것 같습니다. 하리교회 선교는 지금의 한국 선교의 흐름과 맥을 같이 합니다. 선교에 관심이 있는 교회는 이미 하고 있는 일이지만, 격월로 선교위원회가 헌신예배를 드리고, 구역별로 선교지와 선교사를 정해 기도하고, 수요기도회마다 파송 선교사들의 소식을 전하며 중보기도하고, 매일 새벽마다 정해진 날짜에 교단 선교사들을 위해 기도하고 있습니다.

2부. '하리교회'는 무엇을 세우는가

1. 무형의 정신

순교의 정신

임광호 전도사

문형우 집사

하리교회의 순교 정신

임광호 전도사님을 통해 전해진 하리교회 순교 정신은 사랑입니다. 임광호 전도사님이 하나님을 사랑했기에 하나님을 향한 믿음을 포기할 수가 없었다고 생각합니다. 하나님을 사랑했기에 어떠한 희생도 감당할 수 있었습니다. 전쟁이 일어나 피난을 갈 수 있는 상황에도 성도를 버리고 갈 수 없다고 피난 가는 것을 포기하며 성도를 향한 사랑의 희생을 보였습니다. 또한, 교회를 사랑하였습니다. 교회 건물을 사랑했다는 것이 아니라, 성도들이 함께 예배드리는 공간을 위해 건축하던 중에 순교하셨기에 공간적인 관점에서의 사랑과 무형의 교회를 향한 사랑을 보여주었다고 생각합니다. 그래서 저는 사랑이 순교 정신이라 말하고 싶습니다.

역사적으로 한국의 많은 성도가 믿음을 지키며 순교할 수 있었던 것도 하나님을 사랑했기 때문입니다. 먼저 하나님의 크고 놀라운 사랑을 경험한 성도들이 가장 소중한 생명을 드릴 수 있었던 것입니다. 이런 하나님을 향한 절대적인 사랑이 그 어떤 위협과 박해에도 불구하고 신앙을 지키며 순교할 수 있게 하였던 것입니다. 이를 통해 교회가 지금 얼마나 하나님을 사랑하고 있는지를 점검해야 하는데 이것은 하나님의 사랑이 이웃과 세상에 대한 사랑으로 연결되어야 한다고 생각합니다.

순교 정신이 신앙으로 계승되기 위해서는 순교가 우리 신앙에 어떤 의미가 있는지를 성도들이 반복적으로 이해할 수 있도록 전달하는 것이 필요합니다. 그리고 삶으로 표현하도록 격려하는 것입니다. 지속적으로 우리 교회의 순교 이야기 뿐만 아니라 다른 교회와 역사 속에서 나타난 순교 이야기를 들려주는 것입니다. 그리고 순교는 과거 역사에서 끝난 것이 아니라 오늘날도 계속된다는 것을 알려주어야 합니다. 저는 오픈도어선교회를 통해 발표되고 있는 전 세계적으로 일어나는 순교와 핍박의 소식들을 정기적으로 소개합니다. 그리고 성도들의 삶 가운데 이웃과 세상에 사랑을 실천하는 것이 순교신앙이라고 강조하고 있습니다.

우리교회 순교이야기는 일 년에 두세 번 정도 강조해서 말씀드리고 있습니다. 또한, 임광호 전도사님이 순교한 주간에 맞춰 추모주일을 지키고 있습니다. 이때 김복순 사모님과 아들인 임창희 목사님 가족들을 초청하여 함께 예배드립니다. 사모님을 통해 순교 당시의 증언을 듣기도 하고, 일러스트로 만들어진 순교 일화 영상을 시청하기도 합니다. 그리고 임창희 목사님의 설교를 통해 '순교정신을 어떻게 계승할 수 있는지'를 고민하는 시간을 갖습니다.

순교의 영성을 선교의 영성으로

순교라는 단어가 때로는 거창하게 들리고 부담스럽게 들려 과거의 사건과 역사성으로만 묶어두려고 합니다. 이것을 지금 시대로 끌어와야 하는데 우리 교회는 '순교의 영성을 선교의 영성으로'라는 문구로 적용하고 있습니다. '순교지 교회로만 알려진 교회가 지금은 어떠한 교회로 발전하고 있는가'를 보여주는 것입니다. '순교하였던 교회'라는 과거의 사건이 '우리 교회는 선교적인 교회'라는 현재로 재창조되고 있는 것입니다. 나와 상관없는 역사 이야기가 아니라 지금도 계속되는 이야기가 되도록 하려는 것입니다.

또한 우리 교회에는 문형우 집사님이 눈이라도 빼어서 교회 건축헌금을 드리려고 했던 간증이 있습니다. 1960년대 두 번째 교회를 건축하는 중 건축기금이 부족하여 기도하는 중에 자신의 눈이라도 빼어 팔면 돈을 받을 수 있을 것으로 생각하여 예수병원에 가서 눈을 빼달라고 부탁하셨습니다. 그 이유를 알게 된 목사님들과 전국의 교회들, 해외에서 헌금을 보내와 외부 공사를 마무리했던 일이 있었습니다. 이런 간증의 이야기가 지금 나의 이야기가 되기 위해 '나는 무엇을 헌신할 수 있는가?'를 성도들에게 도전하고 있는 것입니다.

순교정신의 계승

하리교회만의 독특한 순교정신 계승을 위한 노력 중 하나로는, 임광호 전도사님에 대한 순교세미나를 개최하여 학술적으로 연구하는 것을 들 수 있습니다.

순교에 대한 다양한 이야기들이 있지만, 순교의 사건을 학술적으로 연결하는 시도를 하고 있습니다. 순교세미나를 통해 임광호 전도사님의 순교 정신을 다각도로 연구하는 것입니다. 신학적으로 혹은 목회적으로, 사회학적으로 평가해 보는 것입니다. 그래서 하나의 이야기가 어떻게 다양한 영역에 영향을 미치고 있는지를 연구하면 의미가 있을 것입니다. 앞으로 이런 시도를 계속하고자 합니다.

임광호 전도사님의 순교 소식이 알려지면서 종종 순교기념관 건축에 관한 질문을 받지만, 지금은 콘텐츠나 자료를 수집하고, 순교지점을 확증하는 작업 단계라고 생각합니다. 현실적으로 전도사님의 유품 등은 거의 소실되었지만, 순교자로 지정되기 전에 확보했던 당시 증인의 증언과 사진 자료 등은 전시가 가능할 것으로 생각됩니다.

거창한 건물을 세워놓고 유지보수 관리에 힘을 쏟기보다는, 순교 관련 콘텐츠 개발과 세미나, 혹은 학술지 발간과 학문적 연구에 더 관심을 기울이고 싶습니다.

내 삶의 이야기로 표현되는 순교정신

순교정신은 오늘날의 언어로 해석되고, 나의 삶과 밀접한 관련이 있어야 의미가 있습니다. 저는 이것을 '선교적 교회'라는 단어로 풀어가고 있습니다. 임광호 전도사님의 순교와 문형우 집사님의 헌신이 내 삶의 이야기로 표현되어야 하는 것입니다. 그것이 복음을 삶 가운데 드러내는 것입니다. 즉, 예수 믿는 자의 삶을 보여주는 것이 선교적 삶, 선교적 교회가 되는 것입니다. 기회가 될 때마다 성도님들에게 "여러분도 충분히 순교할 수 있고, 헌신할 수 있다."고 말합니다. 심지어 성경의 인물들보다 더 위대하게 쓰임 받을 수 있다고 말합니다. 정말 저는 그렇게 될 수 있다고 믿습니다. 오늘도 가정과 삶의 현장에서 말씀대로 살고, 신앙을 지키며 살고자 처절하게 믿음의 싸움을 싸우고 계신 이들이 얼마나 귀합니까? 저는 이런 분들이 오늘날의 순교자들이라고 생각합니다.

순교의 의의

순교는 종교적 신앙을 지키기 위해 목숨을 잃는 것입니다. 성경에서 교회의 최초 순교자 스데반을 볼 수 있습니다. 스데반은 한편의 설교를 한 후에 돌에 맞아 순교했습니다. 그는 오랜 기간 복음을 선포하지는 못했지만, 그의 순교를 헛되다고 하지 않습니다. 스데반을 통해 예루살렘교회가 핍박받게 되었고, 이 일로 믿는 자들이 흩어져 복음이 예루살렘교회에서 유대와 사마리아 지역으로 확장된 계기가 되었습니다. 그리고 사울이 회심하는 시작점이 되었습니다. 그의 순교를 통해 하나님의 비전이 실행되었습니다. 순교의 의의는 하나님의 뜻이 실현되는 과정이라고 생각합니다.

월드와치리스트 박해 통계에 의하면 2023년에는 5,621명의 성도가 살해당했고, 2024년도 7월까지 5,000여 명의 성도들이 신앙을 지키다 목숨을 잃었습니다. 현재도 예수 믿는다는 이유로 수많은 기독교인이 정신적, 육체적으로 폭력을 당하고 있습니다. 핍박과 순교 이야기는 현재도 진행되고 있으며 이는 하나님의 뜻이 실현되는 과정이라고 생각합니다. 물론 하나님의 뜻을 전부 알 수 없지만 하나님의 선하신 뜻이 있다고 믿습니다.

대중의 이슈에 민감하게 대응하는 한국 사회에서도 신앙을 가졌다는 이유로 직장에서, 가정에서 불이익을 당하거나 차별을 당하는 경우가 있습니다. 또한, 가정에서 아직도 신앙의 자유를 누리지 못하고 가족 간의 갈등 가운데 놓여있는 분들도 있습니다. 때로는 많은 것을 양보하면서 신앙을 지켜가는 분들도 있습니다. 같은 행동을 보이더라도 "믿는 사람이 그렇게 행동한다."고 비판을 받습니다. 이런 관점에서 지금도 우리 주변에서는 순교의 정신으로 살아가는 성도들이 있습니다.

적색 순교, 백색 순교

순교는 적색 순교와 백색 순교가 있다는 말이 있습니다. 피를 흘려 순교하는 것은 적색 순교이고, 살면서 믿음을 지키며 순교 정신으로 살아가는 것을 백색 순교라고 합니다. 어떤 순교가 더 가치가 있다고 말하기는 어렵습니다. 목숨을 잃는 순교는 육체적인 고통 가운데 처한 특별한 하나님의 은혜로 된 것이라면, 살아서 오랫동안 끝까지 믿음을 지키는 것도 하나님의 특별한 은혜로 가능하기 때문입니다.

교회 성도들에게 강조하는 것 중 하나는 진리와 같은 본질 이외는 다 양보하라는 것입니다. 성경과 구원에 관한 진리는 배타적일 수밖에 없을 것입니다. 하지만 비본질적인 부분은 언제든지 양보가 가능할 것입니다. 예를 들어 좋은 행사를 기획하고 실행하려고 노력하지만, 더 좋은 행사를 위한 의견이 충돌될 때 그 의견을 수용하고 양보하는 자세가 필요하다는 것입니다. 우리는 본질이 아닌 비본질적인 부분에 너무나 감정적으로 대립하고 적대시하는 경우가 있습니다. 교회나 지역사회에서 불필요한 이익을 얻기 위해 에너지를 소비하지 말라는 것입니다.

교회가 잘못한 일이 있으면 사회의 비판을 받아야 합니다. 간혹 교통을 위반할 것을 예상하여 승합차에 교회 이름을 부착하지 않고 다니는 교회가 있는데, 하리교회 차량에는 꼭 부착하고 다니자고 합니다. 교회 차량이기 때문에 교통 법규를 잘 지켜야 하고 만약 위반했을 경우 비판받아야 합니다.

그리고 억울한 일을 당해도 하나님께 모두 맡기라고 전합니다. 우리가 원수를 갚고자 한다면 손해 본 것만큼 손해를 끼치는 것이 아니라 과도하게 보복하려고 합니다. 손해를 본다고 하더라도 생명에 관련되지 않은 비본질적인 일에 대해서는 이해하라는 것입니다. 심지어 있지도 않은 일에 비방을 당한다고 해도 시간이 지나고 때가 되면 사실이 드러나게 됩니다. 만약 그렇지 않다 하더라도 하나님께 맡기면 가장 적합한 방법으로 역사하실 것을 믿기 때문입니다. 예수님도 충분히 하늘의 권세를 사용하실 수 있으셨지만 침묵하시고 하나님의 뜻에 맡기셨던 것처럼 우리도 하나님께 맡기는 자세가 필요합니다.

순교는 피 흘리는 적색 순교에 한정되지 않습니다. 지금도 매일의 삶 가운데 하나님이 우리의 순교를 지켜보고 계십니다. 이러한 삶을 통해 임광호 전도사님의 순교정신이 하리교회 성도들 가운데 흐르고 있는 것입니다.

교회를 향한 진실한 사랑

하리교회 성도들은 교회를 향한 진실한 사랑이 있습니다. 우리 성도들은 거의 변함이 없습니다. 예배 출석과 봉사하는 일에 동참하는 것을 보면 교회를 사랑하고 있다는 것을 알 수 있습니다. 성도들에게 있는 신앙의 견고함도 보게 됩니다. 이것이 순교지 교회 성도들에게 주신 은혜인 듯합니다.

순교지 교회이기 때문에 성도들이 자긍심을 갖기 이전에 "우리가 그런 삶을 살 수 있을까?" 하는 부담감이 있을 수 있습니다. 오늘날 임광호 전도사님의 순교가 실제로 일어나는 것 같은 삶을 사는 것은 어렵습니다. 하지만 우리 삶 가운데 하나님이 주시는 비전을 쫓아 지금 우리에게 주신 사명에 최선을 다하는 것이 순교지 교회, 하리교회의 성도들의 모습입니다.

순교의 각오

하리교회를 위해 저와 성도들은 얼마든지 순교할 각오가 되어있습니다. 지역 교회로써의 하리교회뿐만 아니라 하나님의 교회라는 측면에서 얼마든지 순교할 각오가 되어있습니다. 성도님 중에서도 당연히 교회를 위해 순교할 정도의 신앙을 가진 분들이 많이 있습니다. 어떻게 하든지 말씀대로 신앙을 살려고 기도하고 애쓰는 성도들이 많습니다.

당연한 말이지만, 저도 주어진 목회 사역에 최선을 다하고 교회를 가장 먼저, 가장 많이 사랑하고, 가장 많이 기도하는 목회자가 되려고 노력합니다. 그래서 성도가 어떻게 하나님을 사랑하고, 하나님의 사람으로 세워져 갈 수 있는지 하나님을 닮아갈 수 있는지 먼저 모범을 보이기 위해 오늘도 애쓰고 있습니다.

2부. '하리교회'는 무엇을 세우는가

2. 유형의 정신

설교

선교

사회봉사

공동설교

설교 형식은 시리즈 설교로 하고 있습니다. 주일 오전 예배는 주로 주제별, 성경책별로 설교하며 수요기도회는 성경 강해, 새벽기도회는 교단에서 발행되는 묵상집에 근거하여 성경책별로 설교하고 있습니다.

2024년도에는 제4차 서울-인천 로잔대회 준비위원회에서 선정한 사도행전을 중심으로 공동설교를 하고 있습니다. 로잔 준비위원회에서 미래목회와 말씀연구원과 연계한 말씀 네트워크 영역에서 말씀을 함께 나누고 설교를 준비합니다. 사도행전 전체를 1년 동안 40주에 설교하도록 적절하게 나누어져 있습니다. 그리고 '액츠(Acts) 나우' 라는 앱을 통해 말씀 묵상에 필요한 본문의 해설과 10명의 연구가들이 묵상한 내용을 제공받습니다. '프로페짜이'라는 지역별 소그룹을 나눠 자신이 묵상한 내용을 함께 나눕니다. 현재 국내와 해외에 약 70개 그룹이 있습니다. 제가 속한 그룹은 5명의 목회자가 격주로 만남을 갖습니다. 이 소그룹의 특징은 느슨한 연대입니다. 강압적이지 않고, 열린 마음으로 참여할 수 있도록 배려된 그룹이라고 할 수 있습니다.

말씀 네트워크를 통해 사도행전 공동설교가 진행되는 곳은 대략 200개 교회입니다. 같은 본문을 가지고 다양한 시각과 현장에 맞는 설교가 선포되고 있습니다. 더 많은 교회가 같은 본문으로 말씀을 듣고 실천한다면 말씀으로 한국 성도들이 연합하고 기도할 수 있는 주제가 생기게 되는 것입니다.

설교의 방향성

사도행전은 '성령행전'으로 부르기도 하고 초대교회의 역사를 살펴볼 수 있어 '교회행전', 하나님의 선교 이야기가 담긴 '선교행전'이라고도 할 수 있습니다.

말씀을 나눌 때 성도들이 사도행전 내용 혹은 선교라는 주제를 쉽게 이해할 수 있도록 비교적 쉬운 언어로 전달하려고 합니다. 문장도 장문보다는 단문 형식을 취하고, 부정문보다는 긍정문을 사용하려고 합니다.

그리고 성경 본문을 같이 읽어가면서 말씀을 듣도록 유도하고 있습니다. 말씀에 집중하게 하고 성경에 충실한 설교를 하려는 의도입니다.

또한 선교적인 측면에서 설교에 '투웨이 전략'을 사용하고 있습니다. 저의 저장 공간과 설교에 사용할 저장 공간을 구분해 놓는 것입니다. 제가 습득한 선교에 관한 내용을 한 곳에 저장해 놓고, 설교에 필요한 선교 내용은 다른 곳에 저장해 놓아 필요할 때마다 각각 꺼내서 사용하는 방식입니다. 제가 먼저 이론과 현장에서 배우고 경험한 선교개념과 전략, 이론을 모두 설교에 적용하여 전달하는 일은 쉽지 않습니다. 그러나 하리교회는 선교에 대한 개념이 어느 정도 세워져 있어서 부담 없이 수용하는 것 같습니다. 다만, 친숙한 언어이기 때문에 선교를 쉽게 생각할 수 있어서 중간에 새로운 선교이론에 대한 개념을 알려드리고 있습니다.

설교에서 중요하게 생각하는 부분

복음을 전하지 않는 설교자는 없지만, 모든 설교자의 설교 내용이 모두 다 '복음적'이라고 할 수는 없습니다. 저 개인적으로 설교에 있어서 가장 중요한 것은, '복음' 그 자체입니다. 더 나아가, 모든 설교자에게 생경한 문장이지만, '복음으로 복음을 전하는' 설교를 추구해야 한다고 생각합니다. 그것은 예수님의 십자가 사건과 부활의 능력, 그리고 성령의 역사를 강조하면서 복음을 전하는 삶입니다. 설교자와 삶은 분리될 수도, 구분될 수도 없기 때문입니다.

저는 의식적으로 하리교회 성도들에게 사람들을 교회로 데려오라는 말을 많이 하지 않습니다. 그보다 먼저 믿는 자의 삶을 강조하고 있습니다. 예수님의 인격이 삶으로 나타나야 합니다. 더 나아가 우리가 성령의 능력과 하나님의 은혜로 성령의 열매를 맺으면 자연적으로 복음을 듣고 싶어 하는 사람들이 생깁니다. 그러고 나서 그 사람들에게 복음을 전하거나 교회로 인도하는 것입니다.

또 하나의 중요한 영역이 있습니다. 설교의 전달 방식에 열과 성을 다하고 있습니다. 조금 큰 목소리와 강한 어조로 말씀을 전달합니다. 설교에 힘을 주어 선포하는 이유는 설교자 자신이 '확신을 갖고 있다.'는 것을 표현하기 위함입니다. 말씀을 준비하면서 주님이 주시는 깊은 은혜가 임할 때가 있습니다. 설교자가 먼저 은혜를 받아야 은혜로운 말씀을 전할 수 있습니다.

설교문은 매주 논문 쓰는 심정으로 작성합니다. 성경이 매일 새롭게 다가오기 때문에 시대에 맞는 말씀을 전하기 위해 노력할 수밖에 없습니다. 설교 전에 부족한 설교자를 통해 주님의 음성을 듣게 해달라고 기도하고 설교합니다. 부족한 설교를 집중해서 들어주는 성도들의 표정을 보면 감사할 따름입니다.

간혹, 성도들이 다른 분들을 교회로 전도할 때 목사님의 설교를 들어보라고 하면서 모시고 온다고 하는 말을 들으면 설교 준비에 더 힘써야 함을 다시 한번 깨닫습니다. 설교를 통해 그분이 교회 출석을 결정할 수 있기 때문입니다. 새롭게 교회에 등록해서 오시는 분들은 전에 교회를 다닌 분들도 있지만 처음 교회에 나오시는 분들도 있습니다.

예화를 많이 사용하면서 설교할 때도 있었지만 지금은 가급적 예화는 줄이고 성경 본문을 통해 설교를 이어가는 방법을 취하고 있습니다. 예화는 전달하고자 하는 내용을 드러내주기도 하지만, 예화만 기억에 남거나 설교자가 직접 경험한 예화의 경우는 주관적인 관점으로 흐르는 약점을 가지고 있기 때문입니다.

청중에 따라 설교 형식과 내용을 다르게 전달하지만, 설교에서 성경 본문은 중요성을 드러내야 합니다. 전에 설교에서 예화 사용을 요청하는 성도도 있었지만, 지금은 성경을 통해 설교해 주셔서 감사하다는 인사를 받기도 합니다. 저의 설교는 계속해서 변하고 청중의 설교 듣는 모습도 바뀌고 있습니다.

성경통독 운동과 공동체 성경 읽기

짧은 설교 시간에 성경 이야기, 본문만 가지고 말씀을 전해도 시간이 충분하지 않습니다. 설교 시간에 10개 내외의 성경 본문을 인용하여 함께 읽습니다.

개인적으로 성경을 통독하는 분들도 많이 계시지만, 성도 중에 성경을 읽지 않는 분들도 상당했습니다. 그래서 성경통독 운동을 시작했고, 현재는 많은 분이 성경을 읽고 계십니다. 교회 게시판이나 주보에 성경통독한 분들을 게시하고 있습니다. 성경을 읽으신 분 중에 평생 처음으로 성경을 일독하신 분도 계십니다. 성경을 읽다가 눈이 밝아지신 분이 계시고, 통독하실 때마다 감사하다고 저에게 고기를 사다 주시는 분도 계십니다.

평생 한 번도 성경을 읽지 않은 분들이 의외로 많이 있습니다. 그래서 '공동체 성경 읽기'를 하고 있습니다. 일반적으로 같은 공간에서 예배 시간이나 혹은 소그룹으로 모여 함께 읽지만, 저희는 그룹 톡으로 매일 읽을 본문을 보내 드리고 각자 영상과 함께 성경을 읽고 간단하게 보고하는 형식을 취하고 있습니다. 아침 6시에서 저녁 9시 사이에 자신의 그룹에 짧은 글을 남기면 됩니다.

'공동체 성경 읽기'를 하면 성경을 1년에 1독 할 수 있습니다. 공동체 성경 읽기를 전에는 '드라마 성경'이라고 했습니다. 영상을 통해 적절한 배경과 배우의 목소리, 배경 음향까지 전달되기 때문에 드라마를 보듯 더욱 선명하게 성경말씀을 이해하면서 함께 읽을 수 있는 특징이 있습니다.

새벽기도회 설교는 교역자가 돌아가면서 하지만 화요일은 장로님들이 교대로 설교하고 있습니다. 설교 본문이 성경 책별로 정해져 있어 설교 본문을 정하는데 부담이 없고, 전날 새벽 말씀과 연결되기 때문에 성도님들이 시리즈 형식으로 설교를 들을 수 있습니다. 또 하나의 장점은 5년 정도 새벽기도회에 참석하면 성경 전체 설교를 들을 수 있다는 것입니다.

선교 프로그램

제도적인 부분에 대해서 말씀드리자면, 교회 안에 선교위원회와 사회봉사위원회가 있습니다. 선교위원회는 해외선교에 중점을 두고 사회봉사위원회는 국내 교회와 기관, 그리고 가정에 중점을 두고 사역하고 있습니다.

선교위원회는 기관 임원을 당연직으로 구성하고 개인적으로 참여하고자 하는 성도들은 누구나 함께 할 수 있습니다.

선교위원회 내에는 대표적으로 선교연구부와 다문화 선교부, 그리고 축구선교팀이 있습니다. 그룹별로 선교회를 구성하면, 추인하여 돕는 역할을 합니다. 선교연구부에서는 교회의 장, 단기 선교정책을 연구하고 선교학교를 주관합니다. 다문화선교부에서는 250만 명으로 추산되는 외국 노동자와 다양한 문화를 형성하고 있는 민족들에게 복음을 효과적으로 전하기 위한 노력을 합니다.

선교위원회에서는 격월로 기도회 모임을 하면서 지금까지의 사업과 재정을 보고합니다. 또 선교위원회 헌신예배를 준비합니다. 선교사들이 보내온 선교편지를 보고하고 함께 기도하는 시간을 갖습니다. 그리고 준비한 헌신예배 때 선교사를 초청하여 말씀을 듣기도 합니다. 담임목사와 교역자가 선교지 경험이 있어서 선교에 대한 구체적인 개념 정리와 방법들을 제시하고 있습니다.

선교사 후원에 대해서는 개발과 기도, 그리고 멤버케어를 포함한 후원에 관심을 갖고 있습니다. 단기선교를 통해선 선교사로 파송될 자원이 준비되어지길 기대하고 있습니다. 교단 선교사훈련원을 방문하여 선교사 훈련생들을 격려하고, 선교사 훈련생들에게 재정적으로 후원하는 기회로 삼기도 합니다.

선교위원회 주체로 선교사를 파송하고 후원하며 선교사를 위한 기도회를 합니다. 구역별로 담당 선교사를 위해 기도하고 새벽마다 교단 선교사들의 기도제목을 가지고 기도합니다. 성도들이 매일 선교를 위해 기도하고 있습니다.

선교사 후원은 멤버케어라는 관점에서 바라보아야 합니다. 선교사 개발과 훈련 그리고 사역 후원과 은퇴 이후의 복지까지 전체적인 그림을 그려가고 있습니다. 선교사의 다양한 삶의 영역에서 당하는 어려움을 예방하고 함께 고민하고 해결해 나가려는 시도가 필요하기 때문입니다.

선교사 멤버케어

직접적으로 취하고 있는 방법은 서울신학대학교의 최형근 교수와 엄은정 사모가 대표로 있는 '하트스트림'과의 연계입니다. 이 기관에 재정적인 후원을 하거나 위기관리가 필요한 선교사를 연결하고 있습니다. 저희 부부도 직접 이 사역에 참여하고 있습니다.

이것은 정말 중요한 사역입니다. 저도 선교사를 격려하는 일에 관심을 두고 있으며, 아내는 서울신학대학교 신학전문대학원에서 상담심리 박사과정에 있으면서 선교사를 위한 전문 상담사가 되기 위한 준비를 하고 있습니다.

간접적인 방법은 선교사의 은퇴 매뉴얼을 만드는 것입니다. 얼마 전 목회자 은퇴 매뉴얼이 소개되기도 했는데 선교사들에게도 은퇴 매뉴얼이 절실하게 필요합니다. 선교사들의 고령화는 이미 시작되었습니다. 2023년 선교사 기준으로 50대 이상의 선교사 비율이 68%나 되었습니다. 반면에 30대 이하의 선교사 비율은 7%밖에 되지 않습니다. 당장에 선교사 은퇴와 이에 따른 복지 정책이 구체적으로 제시되고 실행되어야 합니다.

재정이 넉넉한 선교사는 나름대로 대안이 있지만 그렇지

않은 선교사들은 막막할 수밖에 없습니다. 이를 위해 교단이나 KWMA에서 최소한 은퇴에 관한 정보와 매뉴얼을 제공하는 시도가 있어야 합니다. 개교회는 직접적인 지원이 어렵다고 하더라도 선교사 은퇴에 따른 도움을 받을 수 있는 정보를 제공하거나 관련 단체를 소개할 수는 있습니다.

재정이 넉넉한 선교사는 나름대로 대안이 있지만 그렇지 않은 선교사들은 막막할 수밖에 없습니다. 노후에 필요한 주택과 재정, 의료 혜택 등 최소한의 지원을 받을 수 있는 방법을 찾아주는 것입니다. 이를 위해 정부의 지원 정책을 이용해 보는 것입니다. 형편이 어려울 때 정부의 지원을 받는 것은 당연한 일입니다. 일평생 선교사로서 하나님의 나라를 위해 수고했지만 더불어 한국인으로 국익을 위해 수고한 부분도 무시할 수 없습니다.

구체적인 방안으로 중앙정부와 지방정부에서 임대주택 혹은 지원하는 방식에 따라 주택문제를 해결할 수 있을 것입니다. 무엇보다 재정적인 부분이 어려울 때는 최저 생활비와 노령연금 등을 지원받고 의료 혜택을 받으면서 기본적인 생활을 해결할 수 있어야 합니다. 선교사들은 당당하게 정부에서 지원받을 자격이 있습니다.

선교사를 위한 기금을 마련해 놓는 방법도 있습니다. 교회에서 선교사를 파송하거나 선교지 사역을 위해 후원할 때뿐만 아니라 은퇴를 위한 일정 자금을 마련해 놓는 것입니다. 파송 단체에서 교역자 연금이나 개인연금을 준비하도록 안내하고, 대안으로 국민연금도 가입하는 것입니다. 충분한 재정 보탬은 되지 않더라도 기본 생활비 마련에 필요한 부분입니다.

다문화 사회와 선교

선교위원회의 다문화선교부도 중요한 역할이 요구되고 있습니다. 교회 내에 '완주 맘스 지원센터'가 있습니다. 현재는 운영하지 않지만, 과거에 완주 지역에 이주한 여성들을 대상으로 설립된 기관입니다. 관계기관의 재정과 업무 협조를 받아 이주민 여성들에게 한국어를 가르치고 한국문화 체험의 일환으로 김치 담기, 문화유적지 탐방, 나라별 음식 만들기 등의 행사를 진행했고, 무료 진료의 혜택을 주기도 했습니다.

앞으로 필요하면 '완주 맘스 지원센터'를 통해 이주민을 섬기도록 준비하고 있습니다. 현재는 소그룹을 통해 다문화 선교에 대한 학습을 진행하면서 전체 교인들이 다문화 사회와 선교를 이해하도록 준비하고 있습니다.

선교적 교회의 노력

선교에 대한 전체적인 그림을 보도록 하고 있습니다. 선교하라고 하면 선교사를 재정으로 후원하는 것으로만 이해할 수 있습니다. 이것도 귀한 일이지만 선교사의 자기개발, 선교훈련, 선교후원, 은퇴 및 복지 등등을 함께 생각하는 것도 정말 중요한 일입니다. 그렇기에 교회의 노력에는 '선교사의 전체 삶의 주기'를 이해하는 것도 필요합니다.

성도들이 선교에 동참하도록 요청합니다. 단기선교팀을 파송할 때 성도들이 힘을 다해 재정으로 지원하고, 선교기금을 마련하기 위해 온 성도들이 힘을 모아 선교 바자회를 열고 있습니다. 선교 바자회는 가족뿐만 아니라 지역교회, 마을 주민도 참여하는 축제가 되고 있습니다. 선교 분위기를 함께 느끼면서 전 교회가 파송한다는 생각을 갖도록 합니다.

선교사들이 단체로 방문하게 되면 기본적으로 교회에서 준비하지만, 숙박과 식사, 그리고 선교비 등은 교인들이 자발적으로 참여합니다. 선교사를 지원하고, 선교지에 방문하여 사역하는 것만이 아니라, 선교사를 어떻게 섬겨야 하는지 성도들이 알고 있습니다.

재정적으로 큰 프로젝트를 실행하지는 못하더라도, 지역

교회에서 선교의 전체 흐름을 이해하도록 돕고 있습니다. 제4차 서울-인천 로잔대회에 관한 정보와 참여를 통해 로잔운동에 동역하고 있습니다. 로잔대회에 약 5천 명이 참석하고 진행을 돕는 분들까지 합하면 약 6천5백여 명이 됩니다. 이곳에 참여하는 분들에게 환대의 마음으로 한국교회가 한끼 대접하는 운동에도 동참하였습니다.

사역에 힘을 내는 최종적인 이유는 영혼을 구원하는 것입니다. 이것을 선교라고 본다면 이것을 이루기 위해 굳이 선교라는 용어를 사용하지 않아도 자연스럽게 선교하도록 하는 것이 중요합니다. 제가 선교사 출신이기 때문에 그것 자체만으로 성도들이 얼마나 스트레스를 받을까 생각합니다. 무의식적으로 선교에 대한 부분이 강조되기 때문입니다. 영혼 구원, 선교가 무엇보다 중요하지만 교회는 선교단체가 아닙니다. 교회에서 해야 할 사역들을 조화롭게 포석하는 작업이 필요합니다.

담임목사로 부임하여 처음 심방을 할 때 몇 분이 교회에서 해외 선교만 한다고 오해하면서 교회에 나오지 않으셨습니다. "저는 해외 선교도 하지만 사회봉사도 더 열심히 할 것이다."라고 말씀드렸더니 몇 분이 다시 교회에 출석하였습니다. 실제로 해외 선교만큼이나 지역 구제와 마을 전도에 열심을 다하고 있습니다.

선교적 교회로서의 이상향

선교라고 할 때 해외선교가 중요하긴 합니다. 하지만 해외에서 하는 것도 선교이고, 국내에서 믿는 사람으로서 사회봉사 하는 것도 선교의 큰 범위에 넣을 수 있습니다. 물론 개인적으로 선교는 입으로 복음을 전하는 것이라 정의를 내리지만, 성도들에게 해외에서 직접 선교하는 것뿐만 아니라 국내에서 어려운 사람들을 구제하는 일도 선교라고 알려주고 있습니다.

사실 말보다 행동이 주는 영향력이 더 클 수 있습니다. 마을 공동체 안에 있는 지역교회는 성도들의 말과 행동이 마을 주민들에게 교회와 신앙의 이미지에 큰 영향을 끼칩니다. 그래서 성도들이 이웃과 마을을 위해 열심히 신앙인의 바른 자세로 살아가는 것 그 자체가 전도요, 선교라고 강조합니다. 사회봉사와 선교가 개인의 선교적인 삶을 지향하도록 하는 것입니다.

하리교회는 사회봉사와 선교의 두 축을 중심으로 사역하고 있습니다. 이를 통해 사회의 공적인 책임을 다하도록 하고 있습니다. 설교에서도 그 책임을 다해야 한다고 강조하고 기도 시간에 지역사회를 위해 기도하는 일을 빠뜨리지 않습니다.

하리교회는 글로컬(Glocal)한 교회를 지향합니다. 누군가 "역사는 변방에서 일어난다."라고 했던 것처럼, 변방의 한 지역 안에 살지만, 세계의 필요에 눈을 돌리며 살아갈 때 우리 지역에서 하는 일이 세계적인 일이 되고 누군가에게 선한 영향을 줄 수 있습니다.

넛지(Nudge)라는 용어가 있습니다. 어떤 강제나 억압으로 그 일이 이루는 것이 아니라 팔꿈치로 살짝 치면서 "해 보라."고 격려하는 것입니다. 저는 자신이나 우리 교회가 먼저 실험하고 확증한 일에 대해 주변에 강요하거나 인위적으로 알리지 않고, 자연스럽게 '그런 일을 하면 좋을 것 같다.'고 생각하게 만드는 넛지 같은 행동을 하고 싶습니다.

로잔대회 공동 설교문

제4차 서울-인천 로잔대회는 2024년 9월 22일부터 28일까지 열렸습니다. 주제는 '교회여, 함께 그리스도를 선포하고 나타내자!'는 것입니다. 오전 시간에는 사도행전 본문을 주제로 강의를 듣고, 오후와 저녁에는 관심 분야를 중심으로 약 600여 소그룹으로 나눠 말씀을 나누는 시간이었습니다.

로잔대회를 중심으로 1년 동안 한국교회가 같은 사도행전 본문을 가지고 공동설교를 하고 있지만, 설교 내용은 같지 않습니다. 본문은 같지만, 설교자의 묵상과 적용에 따라 내용이 달라집니다. 전부는 아니더라도 200여 교회가 같은 본문으로 공동설교를 한다는 자체도 중요하고 사도행전을 통해 한국교회에 주시는 하나님의 음성을 들으면서 이 시대에 우리가 회개하고, 새롭게 변화되면서 성령의 능력으로 나아갈 부분이 있다는 것을 함께 인식하는 것만으로도 의의가 있습니다.

사도행전을 40주로 나누어 총 10명의 연구자가 매주 돌아가면서 묵상한 것을 제시합니다. 그리고, '프로페짜이' 소그룹에 설교자들이 미리 모여 묵상한 것을 나눕니다. 공동설교지만 본문이나 방향성은 설교자의 관점과 각 교회에 맞게 다시 설교문을 작성하고 있습니다.

공동설교는 교회적 상황이나 선교적 색깔과 목회적 색깔이 다릅니다. 저는 2024년에 사도행전을 본문으로 설교하려고 계획 중이었기 때문에 더 좋은 기회가 되었습니다. 사도행전의 말씀으로 교회가 선교와 잘 어우러진다고 생각합니다. 한국교회에 이런 공동설교의 필요성을 느끼고 있었습니다. 동일한 본문으로 한국교회에서 설교한다는데 의의가 있고, 수많은 교회에서 교회 상황에 맞게 다양하게 선포된다고 상상하니 가슴이 벅차오릅니다.

그러나 현재 목회자뿐만 아니라 성도들도 로잔과 로잔 정신에 관한 이해가 거의 없습니다. 그래서 로잔대회에 관한 이해를 돕기 위해 로잔을 소개하는 영상을 공유하거나, 로잔 운동을 설명하면서 현재 우리가 로잔대회에 어떤 부분에서 함께 하고 있는지를 알려드리고 있습니다.

공동 설교문으로 사도행전만 강조하여 설교를 1년 내내 하면 사도행전에서 선교에 관한 내용만 있는 것 같이 느껴질 수 있습니다. 또, 목회에 대한 방향성이 흐려질 수 있다고 생각할 수도 있습니다. 하지만, 사도행전에는 수많은 내용이 우리를 기다리고 있습니다. 예수 그리스도의 십자가 사건과 부활의 능력, 성령의 역사, 교회 순교의 역사, 선교의 과정, 교회의 문제해결 방법 등등 엄청난 보고가 숨어 있습니다. 사도행전은 선교만을 위한 책은 아닙니다. 하지만, 선교라는 큰 주제의 틀을 잡고 가면서 선교를 위한 많은 아이디어를 제공하고 있습니다.

교회의 본질이 선교이고 선교를 위한 과정으로써의 교회 사역이 이루어지고 있습니다. 물론 모든 교회의 사역이 선교라는 형태로 이루어지는 것은 아니지만 이를 위한 준비의 과정, 실행의 과정, 그 결과를 평가하는 일들이 필요한 법입니다.

느슨한 연대

'말씀 네트워크'에서는 "우리는 느슨한 연대를 꿈꾼다."라는 표현 아래 4가지 영역에서 느슨한 연대를 제공하고 있습니다. 첫째, 해외에 있는 한인교회들도 함께 참여하여 세계교회가 참여하도록 하고 있습니다. 둘째, 교회학교에서도 사도행전 말씀을 듣도록 하는 것이고, 셋째, 로잔교수회를 중심으로 학회나 목회자들이 사도행전을 통해 선교에 반영하도록 하는 것입니다. 넷째, 언론사와 출판사가 함께 참여하도록 하는 것입니다.

로잔운동

로잔은 어떤 조직이기보다는 운동이라고 하는 것이 맞습니다. 한국교회는 교단화, 조직화가 되어 있어 어떤 모임이든지 조직을 구성하는 데 힘을 집중합니다.

로잔대회에 참여하는 분들을 세계적으로 보면 어떤 교단에 속해 있는 것이 아니라 순수하게 로잔 정신에 동의하는 분들을 추천하여 심사한 후 참여하도록 합니다. 하지만 한국교회의 특징은 목회자 중심적이고, 교파별로 안배하는 일도 중요하기에 상대적으로 참석자 중에는 목회자가 많으며 다양한 교단을 아우르고 있습니다. 이는 다른 나라에서 참석하는 대표들과는 다른 점입니다.

한국교회가 목회자 중심이기 때문에 로잔정신을 한국교회에 확산하는데 유리할 수 있습니다. 다만, 목회자들만이 아니라 한국교회와 성도들이 로잔운동에 참여하고 복음을 이 시대에 어떻게 전해야 하는지를 함께 고민하고 기도해야 합니다.

선교학교

가장 중요한 이야기를 해보려고 합니다. 하리교회는 매년 선교학교를 진행하고 있습니다. 코로나 기간을 제외하고 2016년부터 2023년까지 총 여섯 번의 선교학교를 실시했습니다. 선교학교는 교회에서 진행하는 훈련프로그램 중에 포함되어 있고, 매년 학생과 청년을 포함하여 40여 명의 성도들이 참여하고 있습니다.

선교학교는 4·5주 과정으로 진행하고 있습니다. 너무 길거나 짧지 않도록 기간을 설정한 것입니다. 주일 오후예배 후에 1시간 30분 정도의 교육 시간을 갖습니다. 수료 조건은 80% 이상 참석해야 하며, 선교학교에 참석해야 단기선교에 참여할 수 있는 자격이 주어집니다. 교회의 직분자가 될 사람들은 다른 교육프로그램과 마찬가지로 의무적으로 참여해야 합니다.

선교학교를 시작하게 된 첫째 이유는, 성도들이 선교에 열심히 참여하지만 정작 선교에 대한 이해가 낮다고 판단했기 때문입니다. 둘째는 장기적으로 '우리 교회가 선교를 어떻게 할 것인가?'에 대한 방향성을 설정하기 위한 것입니다. 셋째는 현대선교의 흐름을 이해하는 것이 필요하다고 생각해서였습니다. 넷째는 단기로 헌신할 수 있는 선교사를 발굴하는 계기로 삼는 것이었고, 다섯째는 단기선교 훈련의 일환이었습니다.

선교학교의 주제

선교학교는 해마다 주제를 다르게 선정하고 있습니다. 필수적인 주제를 교육하고 그 시대에 필요한 주제를 선정하여 교육하고 있습니다. 1기는 '세계선교에 관한 5가지 관점'이란 주제로 진행되었습니다. 세계선교의 5가지 관점은 성경적 관점, 역사적 관점, 문학적 관점, 전략적 관점, 동역적 관점입니다.

2기에서는 '우리 지역에서 바라본 선교'가 주제였습니다. 우리가 전할 선교가 아닌 우리에게 전해진 선교를 배우는 시간이었습니다. 우리 삼례지역의 특징과 삼례에서 제일 먼저 선교사가 세운 교회를 방문하고, 전주와 전북에 전해진 선교에 대해 외국인 선교사 묘역을 포함하여 전주 시내의 기독교 유적지를 돌아보았습니다. 그리고 한국의 대표적인 선교사님을 통해 한국에 전해진 선교 역사를 배우는 시간이었습니다.

3기에서는 '대륙별로 본 선교의 흐름'을 주제로 정했습니다. 아메리카와 아프리카, 그리고 유럽과 아시아를 중심으로 과거 선교의 역사와 도전받는 선교의 흐름까지 이해하는 시간으로 삼았습니다.

4기에서는 '동아시아에서 우리의 역할'이라는 주제로 진행되었습니다. 가까운 일본과 중국, 북한의 상황과 우리가 어떤 역할을 할 수 있는지에 대해 고민하는 시간을 가졌습니다. 선교학교를 여는 공개강좌에서는 '나비의 꿈, 함께 평화'라는 주제로 당시 한국정신대문제대책협의회 상임대표인 윤미향 정의기억연대 이사장을 초청해 지금도 계속되고 있는 시대의 아픔을 공감하는 시간을 가졌습니다.

5기에서는 코로나로 인해 온라인으로 외부 기관과 협력하여 온라인으로 진행하였습니다. 국내 이주민 선교회에서 주관하는 '이주민 선교학교'에 참여하는 방식으로 이루어졌습니다. 내용은 이주민 노동자와 다문화가정, 그리고 외국인 유학생에 관한 소주제로 현장에서 이주민 선교를 담당하는 선교사와 목회자가 강의하고 참여자들이 토론하는 방식으로 이루어졌습니다.

6기에서는 인도 단기선교를 앞두고 인도 주변국을 중심으로 한 '남아시아 선교현장과 한국교회의 선교흐름'에 대한 주제로 배웠습니다.

더 나아가 인도와 네팔 그리고 방글라데시 선교사를 초청하여 남아시아의 선교 현장에 대해 듣는 시간을 가졌고, 계속해서 변화하고 있는 한국교회의 선교 흐름을 이해하는 시간이었습니다.

선교학교 진행 방식과 소그룹

선교위원회에 선교연구부의 주제와 강사 선정, 그리고 모집과 행정 전반은 연구부에서 맡아 진행하고 있습니다. 강사는 각 주제에 가장 적합한 강사를 선정합니다. 현장 소식을 들을 때는 선교사를, 선교이론을 배울 때는 선교학자나 선교행정가, 선교의 경험을 가진 강사를 선정하고 있습니다. 이로써 선교이론과 현장을 동시에 배울 수 있도록 합니다. 선교학교가 끝나면 전체가 음식을 나누고, 간략한 수료식도 주일 오전예배 때 진행합니다.

선교학교는 강의 중심의 교육을 제공하면서도, 소그룹 활동을 통해 선교를 더 가까이 이해하도록 돕고 있습니다. 실제 선교 실무를 담당하는 성도들이나 앞으로 선교 정책을 세우는 분들을 중심으로 선교연구회와 같이 모임을 진행합니다. 한 번은 '다문화 사회'에 대한 연구논문을 선별하여 의견을 나누는 시간도 가졌습니다. 소그룹에 참여한 분들이 각장을 먼저 읽고 요약하여 발표하고, 중요한 부분이나 이해가 필요한 부분은 보충하여 설명하는 토론 방식으로 시간을 활용하였습니다.

선교학교를 통해 '이주민 선교', '다문화 사회'라는 주제를 배우고 소그룹을 통해 다문화 선교를 적용하는 것에는 이유가 있습니다. 바로 선교는 시대의 흐름을 읽어야 하기 때문입니다. 그 시대에 필요한 도구와 기회를 우리가 발견하여 적절하게 대응해 나가야 합니다. 특히 이주민 선교와 다문화 사회는 현재 선교 현장의 중요한 이슈이기도 합니다. 다가올 시대, 이미 다가온 이슈들을 배우는 일이 필요합니다.

앞으로 우리가 이런 상황을 만났을 때 당황하지 말고 차근차근 준비하자는 의미입니다. 실제로 당장에 필요한 방법과 전략을 제시하는 것보다, 목회자와 성도 모두가 다문화 사회에 대한 이해가 선행되어야 한다는 것입니다. 다문화에 대한 개념과 이주민에 대해 미디어의 영향과 개인 경험에서 오는 이해가 상당히 다릅니다.

단기선교

하리교회는 1년에 1회, 혹은 2회 전반기와 하반기에 나눠 단기선교를 실시하고 있습니다. 전반기에는 학생, 청년 위주로 하반기에는 장년 위주로 진행됩니다. 가급적 교회에서 후원하거나 파송한 선교사의 사역지로 가도록 합니다. 서로 연대감을 형성하거나 선교사의 사역 현장을 배우는 기회가 됩니다. 단기선교를 준비하는 과정에서부터 선교사와 긴밀하게 교류하면서 사역을 준비하고 있습니다.

사회봉사위원회

사회봉사위원회는 선교위원회와 같이 재정과 사업을 자체 결정하도록 권한을 주고 있습니다. 1년 동안 정해진 주된 사역들이 있습니다. 우선, 교회에서 후원하는 협력교회를 방문하는 일과 사회봉사 관련 기관을 방문하는 일을 합니다. 교회에서 후원하는 협력 교회는 1년에 두세 차례 방문을 목표로 주일 오후예배 때 함께 예배드리고 필요한 부분을 놓고 함께 기도하고 재정적인 부분을 보충하고 있습니다.

또한 가을에는 '이웃사랑 음악회'를 개최하여 이웃의 필요에 응답하는 일을 합니다. 성도 중에 성악을 전공하거나 악기를 전공하신 분들이 계시고, 필요하다면 전문가를 초청하여 연합으로 음악회를 구성하고 있습니다. 처음에는 물품을 사서 지원하는 자선 음악회로 시작했습니다. 성도 중에 성악을 전공하거나 악기를 전공하신 분들이 계시고, 필요하다면 전문가를 초청하여 연합으로 음악회를 구성하고 있습니다.

두 번째와 세 번째 음악회는 '라면음악회'라는 이름으로, 묶음으로 된 라면 한 봉지를 사서 기증하는 형식으로 진행하였습니다. 처음에는 혼자 사시는 분들에게 라면을 지원했고, 다음에는 보육원에 기증하는 방법을 택했습니다. 네 번째 음악회는 '연탄은행'에 지원하면서 학생들이 직접 연탄을 배달하는 봉사와 연계하여 진행했습니다.

또한 김장철에 '김치 나눔' 행사도 사회봉사위원회를 중심으로 이루어지고 있습니다. 김장은 거의 3일에 걸쳐 이루어지는데 첫날에 성도들이 배추를 기증하면 밭에 가서 배추를 수확합니다. 그리고 배추를 다듬고 쪼개고 소금물에 담가 놓습니다. 둘째 날에는 배추를 씻는 작업과 함께 배춧속에 들어갈 양념을 준비합니다. 다른 지역에 비해 갖가지 양념을 넣기 때문에 맛있다는 평가를 받습니다. 셋째 날에는 배춧

속을 넣고 배송할 포장 작업을 하고 있습니다. 매년 약 500-600포기 정도 하다가 코로나로 인해 전체 교인 식사가 어려워 몇 년 동안은 필요한 곳에 보낼 만큼의 김장만 하였습니다. 올해부터는 전교인 식사를 시작했기 때문에 예전처럼 많은 양의 배추를 뽑아야 할 것 같습니다.

올해는 사회봉사위원회에서 건강세미나를 개최하였습니다. 금년 교회 표어가 '건강한 성도, 행복한 교회'인데 건강을 회복하는 것도 중요하지만 병에 걸리지 않도록 예방하려는 것입니다. 교회 안에 내과와 안과 그리고 정형외과 의사가 있고, 상담을 전공한 분들이 있어서 육체와 정신건강 그리고 외부 기관의 협조를 얻어 응급 관리 요령을 배우는 시간을 가졌습니다.

마을과 연계된 사역으로는 남전도회와 정기적으로 연합하여 가정에 노후화된 전등과 편리하게 사용할 수 있도록 콘센트를 교환해 주는 일을 합니다. 청년들과 학생들은 마을 섬김의 일환으로 경로당을 방문하여 파마와 마사지 그리고 네일 아트, 청소 등의 봉사를 하고 있습니다. 그리고 1년에 두 차례 명절 때 홀로 사시는 분들이나 필요한 분들에게 선물과 일정의 현금을 지원하는 일을 꾸준히 하고 있습니다.

교회 안에 선교위원회와 사회봉사위원회에 소속된 성도

들은 약 50명 정도로 임원들은 당연직으로 참여하고 있습니다. 실제로 많은 인원이 위원회에 소속되는 것보다 사역이 있을 때 성도들이 참여하는 것을 더 중요하게 여기고 있습니다. 즉, 위원회는 사업과 재정 보고 등에 관한 사항을 결의하는 조직이기 때문에 참여 인원보다는 '얼마나 많은 성도가 사역에 동참하는가'가 중요합니다.

따라서 소속된 성도가 아니더라도 누구든지 위원회 조직에 참여하거나 사역에 동참할 수 있습니다. 재정과 사업의 자체 권한을 행사하기에 다른 위원회보다는 사역의 종류도 많고 사역을 위한 물적, 인적자원이 많이 요구됩니다.

선교적인 삶

예전에는 교회 차원에서 경로잔치를 열어 주민들을 초대하여 공연을 보여드리고 식사와 선물로 섬기는 일을 했습니다. 그리고 음악회에 초청하여 여가생활에 도움을 주는 일들을 주로 했습니다. 오래전에 군청과 협력하여 농사와 관련된 계몽차원의 교육을 교회에서 진행한 적도 있습니다. 교회가 속한 마을 가까운 곳에 만경강이 흐르고 있는데, 이에 대한 보존과 개발을 어떻게 할 것인가를 함께 논의하는 세미나 장소로 제공되기도 하였습니다. 마을 안에 교회, 교회와 함께 하는 마을이라고 할 수 있습니다.

저는 '선교적인 삶'이라는 정확한 용어는 사용하지 않습니다. 다만 믿는 사람으로서 마을 주민들을 섬기는 자세가 필요하다는 것을 강조하고 있습니다. 선교적 삶이라는 용어를 아는 것보다, 선교적 삶을 살아가는 것이 더 중요합니다. 말씀을 머리로 알고 실천하지 못하는 사람보다, 말씀의 의미는 모른다고 해도 들은 말씀을 바로 몸으로 흡수하여 실천하는 성도의 모습에서 감동을 받습니다.

앞서 말씀드린대로, 저는 다양한 정보와 지식을 습득하려고 노력하지만, 성도들에게 전달하기에는 아직 숙성되지 않은 개념이나 이해하기 어려운 이론들이 있을 수 있습니다. 이 경우, 성도들이 당장 소화하기 어려울 때가 있음을 알게 되었습니다. 너무 많은 정보의 공급은 성도들을 포화상태로 만들기에 적당한 간격을 두면서 순차적으로 풀어놓는 작업을 시도하고 있습니다. 이것이 제가 사용하는 '투웨이 전략'입니다.

'투웨이 전략'은 성도들과 함께 이해하고 동참하는 분위기가 형성될 때까지 기다리고, 단계별로 조절하는 것입니다. 하지만 저는 담을 수 있는 다양한 것들을 미리 담아놓으려고 합니다. 목회자가 먼저 변화하는 시대를 인지해야 하지만,

지역교회와 성도들의 특수한 환경의 조건들이 있기에 성도들에게 요구하는 부담을 줄이고 최대한 시대 흐름에 발맞추어 갈 수 있도록 하는 것입니다.

2부. '하리교회'는 무엇을 세우는가

3. 유.무형의 정신

교회의 공공성 회복

사회 참여의 회복

경계성에 대한 회복

하리교회는 공공성을 추구합니다. 교회는 사회에 대한 책임을 다하며, 사회봉사 영역과 자연스럽게 연결될 부분을 감당합니다. 공적인 영역에서 교회가 해야 할 부분을 제한하지 않고, 공동체에만 책임을 전가하지 말고, 성도로서 개인의 삶에서 책임을 다하며 교회가 공적 영역에서도 최선을 다할 때, 이는 교회가 사회에서 공적 책임을 감당하는 중요한 연결고리가 됩니다.

교회와 성도가 사회질서를 잘 지켜야 합니다. 가장 기본적인 것이지만 교통 법규를 지키는 것도 공적 책임을 다하는 것입니다. 정당한 방법으로 돈을 많이 벌어서 정당한 세금을 납부하는 것도 성도들이 해야 하는 일입니다. 간혹 일부 교회나 사찰에서 기부금 영수증을 정직하지 않게 발행하여 국세청 홈페이지에 게시된 일들이 있었습니다. 교회는 이런 일에 더 철저하게 관리하고 정직해야 합니다. 세금 감면을 받는 일은 좋은 일이지만 세금을 내지 않으려고 편법을 쓰는 것은 사회에 대한 바른 자세가 아닙니다. 과거에는 연말에 세금을 정산할 때 교회 재정 회계를 수기로 작성하여 기부금 영수증 발급이 번거로웠습니다. 그러나 이제는 재정 프로그램을 통해 정리하여 정확하게 즉시 발급할 수 있으므로, 세금 납부 등에서 편리하게 활용할 수 있습니다.

국가의 법을 지키는 일에 교회와 성도는 최선을 다해야 합니다. 만약 정부의 잘못된 판단에 따라 교회가 피해를 입으면 최대한 감정적으로 대응하지 말고 정확한 데이터를 통해 논의하고 바로 잡아야 합니다.

교회의 공공성을 강조하지만, 교회의 본연의 일을 놓쳐서는 안 됩니다. 그것은 '영혼을 살리는 일'입니다. 다른 일에 집중하다가 교회의 본질을 잃어버려서는 안 됩니다. 하지만 개인적인 구원의 영역, 한 교회의 역할을 넘어 사회구조적인 부분까지 교회가 함께 고민하고 감당하고자 하는 적극적인 자세가 필요합니다.

복음을 '관계의 회복'으로 본다면, 하나님과의 관계가 회복된 인간이 자신과의 관계 회복을 경험하고, 다른 사람과의 회복을 경험하는 동시에 더 나아가 자연과의 관계 회복까지 이루어져야 합니다. 이것을 교회의 공공성을 회복하는 일과 연결해 본다면, 교회는 생태계의 영역에도 관심을 가져야 합니다.

이미 정부와 기업단체에서는 환경과 생태계에 관심을 가지고 더 나은 사회를 만들기 위한 노력을 지속하고 있습니다. 기업은 ESG 경영, 즉 Environmental(환경), Social(사회), Governance(지배구조) 등 기업의 친환경 경영, 사회적 책임, 그리고 투명한 지배구조를 갖추려고 합니다.

마찬가지로 교회도 생태계 회복에 관심을 가져야 합니다. 삶의 전 영역에서 철저하게 관심을 기울이고 실천하는 것은 쉬운 일이 아닐 것입니다. 그러나 인식의 전환이 선행된다면, 개발과 보존이 공존하는 상황에서 적절한 경계를 세워갈 수 있을 것입니다.

사회 참여의 회복

선거 철이 되면 성도들에게 투표권을 꼭 행사하라고 강조합니다. 투표를 통해 자신이 선택한 일에 대한 책임을 느껴야 하며, 선택에 신중을 기할 필요가 있음을 강조합니다. 사람을 뽑는 선거의 경우에는 기독교와 성경의 원리에 따른 바른 정책을 세우는 후보를 선택하고, 정당의 경우에는 자신이 지지하는 정당과 후보라 할지라도, 선택하지 않을 용기가 필요하다고 말하고 있습니다.

또한 한 번 이상은 선거에 관한 설교를 주제로 삼아 설교하고 있습니다. 설교를 위해 선거관리위원회와 기독교윤리실천 본부, 그리고 그 밖의 사회단체를 통해 선거에 관한 준수사항과 지침을 참고합니다. 선거에 대한 성경적인 원리, 선거에 임하는 자세, 선거법과 관련하여 교회와 성도가 유의해야 할 점, 실제적으로 어떤 유형의 정당과 어떤 유형의 후보에게 투표해야 하는지 설교합니다. 반면에 범죄와 사회적 책임을 다하지 않는 유형의 후보들은 왜 선택하면 안 되는지에 대해서도 설교합니다. 기독교 정신과 위배되는 정책에 대해서 분명히 말하고 선택에 유의해야 한다고 전하고 있습니다. 설교 내용은 방향성을 제시하는 것일 뿐 어느 정당과 어느 후보를 지지하거나 반대하기 위한 것이 아닙니다.

성도들에게는 교회 내에서 정당 정책에 관한 의견을 나눌 수 있으나 특정 정당이나 후보에 대한 지지는 신중히 표현해야 합니다. 교회는 정치집단이 아니며, 성도들 간에 지지하는 정당과 후보가 다를 수 있다는 점을 염두에 두어야 합니다.

설교 시간에 공공성에 대해 다루는 것은 어느 한쪽에만 유익을 주기 위함이 아닙니다. 교회와 사회 모두에게 유익하기 때문입니다. 사회적인 현상과 책임에 대한 부분은 성경의 관점과 데이터를 활용하여 논리적으로 접근해야 성도들이 더 잘 이해하고 받아들일 수 있을 것입니다.

사회 참여 회복에 있어서 성도들이 실천하도록 하는 특별한 장치는 없습니다. 다만, 중요한 인식을 공유한다고 생각하면 됩니다. 교회가 사회에서 정직하고 본이 되는 모습을 보여야 합니다. 그렇기에 정치에서도 교회 지도자들이 어느 한 진영에 치우치지 않는 노력이 필요합니다.

교회의 공공성을 지키는 것은, 원칙이어야 합니다. 우선은 지도자가 지속적으로 강조하고, 먼저 모범을 보임으로 성도들의 인식이 전환되어 따라오도록 하는 노력이 필요합니다. 교회와 지도자가 정신적으로 재정적으로 손해를 본다고 하더라도 끝까지 지키려는 자세가 필요합니다.

경계성에 대한 회복

동성애와 성소수자에 대한 내용이 필요하다고 생각할 때, 그에 관련된 성경구절이 나올 때, 동성애는 죄이며 받아들일 수 없는 부분이라는 점을 강조해서 전달합니다. 이와 함께 성경적인 근거와 과학적인 근거를 함께 찾아서 제공합니다. 사회적으로 민감한 부분에 대해서는 가급적 자료를 충실히 살펴보며, 세계적인 추세와 현상, 그로 인한 결과 등도 면밀하게 조사하여 전달하려고 합니다.

물론 원론적인 부분이지만, 동성애와 성소수자로 인해 고통받는 사람들을 받아주고 이해하며 공감하고 함께 문제를 해결하려는 노력이 필요하다는 노력이 필요하다는 점을 역설합니다.

사회적인 문제에 대한 전달

사회봉사위원회 주관으로 몇 년 전에 '나비의 꿈, 함께 평화'라는 주제로 한국정신대 문제에 대한 강의를 들은 적이 있습니다. 아직 끝나지 않은 역사적인 아픔을 깊이 새기는 시간이 되었습니다. 개인이 매스컴이나 지인들을 통해 배우는 것 외에도, 강의나 포럼 등을 통해 같은 공간에서 함께 배우는 것이 중요하고 의미가 있습니다.

사회학을 전공한 이후로 우리의 삶의 영역 속에 사회적인 문제에 관심이 많아졌습니다. 하지만 현재 사회의 문제를 모두 다룰 수 있는 것도 아니고, 상식선에서 지금의 사회적인 문제를 인식하도록 안내하고 있지만, 그것도 쉬운 일은 아닙니다. 교회가 지나치게 사회적인 문제를 강조하거나, 지나치게 사회적인 문제에 관여하지 않는 중간선, 경계에 서 있어야 합니다.

사회 참여의 결정권은 교인 각자의 몫입니다. 다만 동성애에 대한 위험성과 할랄 식품단지 조성에 대한 여파 등 정부의 정책이 어떻게 진행되어 가고 있는지를 성서적 관점, 사회적인 관점에서 전달하는 것이 제가 할 일이라고 생각합니다.

요즘은 성도들이 유튜브를 시청할 때, 관련 주제와 내용이 AI로 자동 연결되어 자연스럽게 편향된 영상만 시청하게 되는 경향이 있습니다. 이로 인해 학습되는 내용이 특정 방향으로 치우칠 위험성이 있습니다. 따라서 매스컴이나 정보출처를 선택할 때는, '보수면 진보 쪽', '진보면 보수 쪽'의 정보를 인위적으로 접하는 것이 중요하다고 강조하고 있습니다.

사회적인 문제를 다룰 때, 먼저는 성경에서 어떻게 말하고 있는지 살펴봅니다. 서로의 입장에 따른 다른 면이 무엇이고, 문제가 무엇인지를 대등하게 다룹니다. 정치적으로 민감한 부분도 제가 어떤 의도를 가지고 설명하지 않기 때문에, 성도들이 불편하게 받아들이지 않는 것 같습니다.

이주민 선교

이주민 선교는 당면한 필연적 과제입니다. 만약 우리가 할 수 있는 영역과 요청하는 영역이 있다면 바로 실행에 옮겨야 할 사역입니다.

교회의 사역이 모두 영혼 구원과 연결되면 좋겠지만, 저는 그렇지 않더라도 서운해할 필요는 없다고 말합니다. 교회는 당연히 해야 할 일을 하고 있으며, 그들을 환대해야 합니다. 하지만 이 환대는 어떤 도움이든지 주어야 한다는 무조

건적인 환대를 말하는 것이 아닙니다. 쉼이 되어 주는 장소, 피난처가 되어 줄 수 있는 사역이 되어야 합니다.

사역의 범위에 대한 경계를 말하자면, 교회와 관련된 이주민 사역에는 다양한 형태가 있습니다. 그것을 다섯가지 유형으로 나눌 수 있습니다. 첫 번째, 교회와 분리되고 다른 지역에서 대규모로 운영되는 경우, 두 번째, 교회 안에서 부속 건물로 어느 정도의 규모를 갖추고 운영되는 경우, 세 번째, 교회 자체가 이주민 사역으로 특화된 경우, 네 번째, 교회 자체 내에서 그룹별로 분리되어 사역하는 경우, 다섯 번째, 교회 내에서 한 부서로서 사역하는 경우입니다.

사역의 상황과 형편, 그리고 재정 규모에 따라 사역의 범위와 경계를 정하면 됩니다. 그리고 교회의 철학을 바탕으로 성도들과 함께 이주민 선교학교를 한다면, 얼마든지 더 탁월해질 수 있습니다.

2부. '하리교회'는 무엇을 세우는가

4. 상징의 정신
교회 건축에 대해서
리모델링에 대해서

교회 건물

인도에서 교회건축 사역을 하면서 한 가지 생각한 것은, 건물은 '이미지'라는 것입니다. 건물을 통해 그 건물이 가진 종교적 이미지를 보여줍니다. 성당이나 힌두사원, 그리고 이슬람사원, 시크교의 상징인 황금 사원 등은 저마다의 종교적 이미지를 표현하고 있습니다. 어떤 건물은 웅장하고 위협적으로 느껴지는 경우가 있습니다. 인도에서 기독교 건물은 영국식민지 시대에 세워진 교회들이 대부분이고 힌두교와 이슬람사원보다는 상대적으로 작은 규모입니다. 물론 건물의 크기와 형식이 절대적인 것은 아니지만 인도 사회에서는 종교의 비교우위를 느끼게 할 필요가 있습니다. 이런 관점에서 저는 한 선교학 연구에서 건물을 통한 이미지 전략이 선교에 필요하다고 주장하기도 했습니다.

건물도 전도 전략이 될 수 있습니다. 우리는 너무 형이상학적인 관점으로만 전도와 선교전략을 생각하는데 '핫플레이스'와 같은 공간적인 개념도 전도 전략에 포함될 수 있습니다. 볼거리가 있기에 사람들이 찾아오는 것입니다. 얼마 전 도심에 건축한 교회는 아름다운 성탄 트리를 가져다 놓으니, 믿지 않는 사람들도 찾아와 사진을 찍더라는 소리를 들었습니다.

교회가 너무 세속적인 이미지를 살려 건축하는 것은 문제가 있지만 전통적인 형태의 모습만을 고집할 필요도 없습니다. 사람들에게 쉽게 다가갈 수 있는 친근함을 주는 건물, 가볼 만한 장소로 만드는 일도 필요하다고 봅니다.

하리교회 건물과 리모델링

하리교회는 대문이 없습니다. 저는 이것이 정말 아름다운 교회의 상징이라고 생각합니다. 본래 하리교회 마당은 마을 분들이 다니는 좁은 길이었습니다. 지금도 교회 현관문은 24시간 항상 열려 있고, 교회 대문이 아예 없어 사방에서 교회에 출입할 수 있습니다. 교회 앞으로 사람들이 자유롭게 왕래하고 있습니다. 차량 출입은 못하지만, 교회와 집이 가까운 분들은 교회 마당을 주차장으로 사용하기도 합니다.

마을과 경계가 없는 교회, 교회 길과 마을 길이 맞닿아 있는 교회라고 할 수 있습니다. 부임 초기에는 대문도 없고, 사택 베란다가 없어서 불안한 마음도 있었습니다. 그러나 지금은 교회의 특성 중 하나라고 받아들였고, 사람들의 왕래도 익숙해졌습니다.

몇 년 전에 교회를 새롭게 리모델링 하였습니다. 천주교회들은 건축양식이나 벽돌 사용의 이유인지 고풍스러운 느낌을 줄 때가 많습니다. 그런데 우리 교회는 그런 느낌보다는 관리가 안 된 건물과 같은 느낌이 들었습니다. 신축한 지약 40년이 지난 건물이기에 보수를 계속해도 반복적으로 누수 현상이 생기는 문제도 있었습니다.

재정적인 부분을 고려해서 신축하기보다는 외부 리모델링을 하는 쪽으로 의견을 종합하여 진행하였습니다. 성도들이 지나친 부담을 느끼며 교회의 일을 하는 것은, 고려할 사항으로 보기 때문입니다. 교회의 준비된 건축 재정과 성도들의 추가적인 헌금, 그리고 학생들과 아이들의 저금통 등을 드리는 헌신을 통해 일이 이루어졌습니다.

시작 전에는 개인적으로 서구의 교회처럼 몇백 년이 지나도 문화재 같은 고풍스러운 벽돌을 사용하여 리모델링을 하면 좋겠다고 생각했습니다. 하지만 여건상 벽돌 공사는 어려워 디자인을 공모한 후, 어른부터 유치부 아이들까지 다양한 의견을 수용하여 현대적인 감각을 지닌 디자인으로 선정하였습니다.

리모델링을 하면서 중점적으로 생각한 것은, 교회 성도들의 마음이 하나로 모아져 필요성을 느낄 때 시작해야 한다는 것이었습니다. 물론 그 필요성을 갖도록 안내해 주는 역할은 목회자가 해야 하는 것입니다. 재정이 부족하여 대출받더라도 공사비의 50% 이상은 넘지 않도록 하려고 했습니다. 교회 재정의 부담은 신앙 전반과 사역까지도 영향을 주기에 최대한 부담을 줄이는 방법으로 생각했습니다. 그런데 감사하게도, 헌금과 기존의 재정으로 공사비를 충당할 수 있었습니다.

기존의 건물을 리모델링하는 것이기 때문에, 기존 공간 활용에서는 변함이 없었습니다. 외형은 전반적으로 현대식의 밝은 톤으로 하면서 대리석의 색감 대비를 주었습니다. 기존의 방수 문제로 어려움을 겪었기에 지붕틀을 높이 올려 동유럽풍의 이미지를 가미했습니다. 외부 화단에 있는 많던 나무들도 이동시켜 정리하고, 지나치게 큰 나무는 경관을 고려해 과감하게 가지를 쳤습니다. 그리고 교회 외부에 벤치를 더 확보하여 차 한잔을 마시며 담소를 나눌 수 있도록 하였습니다.

디자인 설계에 참여하신 분의 아이디어를 새롭게 적용하여, 광고와 십자가 상징의 야간 조명시설을 보충하였습니다. 화장실 내외부도 리모델링을 했는데 작지만 호텔 분위기가 나는 화장실이 되도록 신경을 썼습니다. 리모델링을 위한 디자인 과정에서 많은 성도님의 아이디어와 협력, 서로의 의견을 담아내는 결단이 있었습니다. 이런 점에서 성도들에게 감사하고 존경하는 마음이 듭니다. 우리 하리교회가 세상과 소통하고, 세상과 연결되고, 세상을 위한 세상 속에 있는 교회가 되기를 기대하고 기도합니다.

부록

- 임광호 전도사 평전
- 김복순 사모가 바라본 임광호 전도사

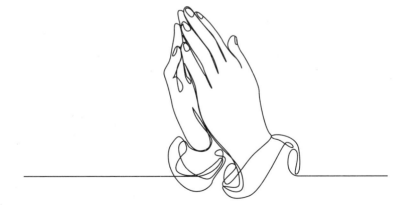

1. 임광호 평전

1) 임광호(林光鎬) 전도사의 순교 이야기[1]

(1) 출생과 월남

임광호 전도사[2]는 1923년 3월 15일 황해도 신천에서 의사인 아버지와 전도사인 어머니 사이에 아홉 남매 중 여섯 번째로 출생하였다. 넉넉한 집안 덕분에 이북과 길림성에서 신학 및 기타 학문을 마음껏 배울 수 있었으며, 신학을 마치고 목회를 시작하였지만, 이북 공산당원들로부터 신변의 위협을 느끼던 중에 1945년 민족이 해방되면서 남으로 내려오게 되었다.

(2) 와리교회 사역

　월남 후 임 전도사는 부여 모 감리교회에서 목회하다가 삼례성결교회 조석우 목사의 소개로 1948년 3월 4일 전북 완주군 와리장로교회(현, 신와교회)에 부임하여 목회를 하였다. 와리교회는 모 교회인 석전장로교회와는 거리가 멀어 서너 명의 교인이 교역자 없이 예배드리던 교회였는데 임 전도사가 부임한 후 놀랍게 부흥하기 시작하였다.

　그러나 외지에서 들어온 전도사 하나가 200명이 넘게 교회를 부흥시키고, 동네 사람들에 대한 그의 영향력이 커지게 되자 와리 공산당들의 눈살을 찌푸리게 했다. 시간이 지날수록 공산당 체제보다 교회와 임 전도사의 세력이 커지게 되자 임 전도사를 요주의 인물로 지목하게 되었다. 공산당원들은 교회 일에 시시콜콜 시비를 걸어왔고 "임전도사는 이북에서 온 자"라고 모략을 일삼기도 했다.

　와리교회 장로들은 공산당들의 방해에도 모 교회인 석전교회보다 부흥하고 있는 상황에서 따가운 시선으로 인해 임 전도사의 장래를 위해 내보내기로 결정하여 결국 임 전도사는 와리교회를 그만두었다.

(3) 하리교회 개척

1950년 3월 27일 당시 전주 한일신학교 학생이었던 김복순 씨와 결혼을 한 임 전도사는 조석우 목사와 상의한 후 1950년 4월 16일에 와리와 하리의 중간쯤 위치한 백한나 씨의 집에 천막을 치고 전경순 씨와 유정례 씨와 함께 하리성결교회를 개척하게 되었다.

개척과 함께 와리에서 온 사람들과 많은 동네 사람이 교회에 나오게 됨으로 부흥하게 되었다. 아픈 사람이 있으면 논밭을 다니며 치료하는 모습을 통해 각 동리 사람의 칭찬과 존경을 받았다. 그러나 공산당원들은 교회 부흥과 함께 지도력을 발휘하는 임 전도사를 못마땅하게 여겨 기회만 있으면 끌고 가서 강압적인 회유와 협박을 거듭했다.

(4) 6.25 한국전쟁과 고난

삼례교회 건축 기성위원회와 삼례교회 집사인 유흥만 씨의 재목 희사로 현재의 하리교회 위치에 건평 20평의 성전건축을 막 시작하던 때에 6.25 한국전쟁이 일어났다. 신변의 위협을 느낀 삼례교회 박춘빈 장로가 "우리 다같이 제주도로 피난 가자."는 제의를 했을 때, 사태의 심각성을 예감한 김복순 사모도 이에 동조하였으나 임 전도사는 "목자가 양떼를 버리고 어디를 가느냐?"며 거절했다.

1950년 7월 10일 경 성전건축 상량식 잔치를 위해 온 성도들이 돼지를 잡으며 분주한 때에 공산당이 찾아와 "잠깐이면 된다."고 하면서 러닝셔츠 차림의 임 전도사를 데리고 갔다. 김복순 사모가 한참이 지나도 오지 않는 임 전도사를 찾기 위해 수소문해 보니 삼례초등학교 치안대 독방에 갇혀 있는 것을 알게 되었고 염려하는 마음으로 찾아갔다. 임 전도사는 교회와 성도들의 안부를 일일이 묻고는 "걱정하지 말아라, 곧 나가게 될 거다."라며 오히려 사모를 위로하였다.

(5) 순교

그날 이후 김복순 사모는 계속 교회를 짓느라 바빴고, 성도들이 걱정할까봐 집으로 돌아왔으나 며칠 후 다시 면회를 갔을 때 임 전도사는 그곳에 있지 않았다. 그때 살아 돌아온 사람들의 증언(하리교회 백한나 집사와 삼례장로교회 강 장로 딸 등)에 의하면, 임 전도사는 옥에 갇힌 후에도 신앙의 지조를 굳게 지키고, 자신을 고문하는 자에게 전도하였다고 한다. "예수 안 믿는다고 하면 당장 살려 준다."는 회유에도 임 전도사는 "당신들도 예수 믿어야 산다."고 더 강하게 전도하였다고 한다.

매일 밤 교회건축을 중지할 것과 신앙 포기를 강요하는 고문에도 신앙의 정조를 굳게 지키는 임 전도사를 향해 공산당원들은 "이런 놈은 총알이 아까우니 몽둥이와 삽과 괭이로 때려 죽여야 한다."며 소리를 고래고래 질렀다.

1950년 7월 20일 저녁 6시 경에 임 전도사를 포함한 몇 사람이 삼례읍 와리 월산리 바위 밑으로 끌려가 순교했다. 나중에 사모와 신자 몇 명이 그곳에 가보니 피가 많이 묻어 있는 바위를 발견했다.

(6) 김복순 사모의 삶

공산당은 임 전도사를 죽이고서 2-3일 후에 김 사모마저 붙잡아 갔다. 그리고 남편에게 했던 그대로 "예수 안 믿으면 살려준다."고 하면서 심한 고문을 하였다. 3일 동안 눈을 가리고 목에다 총을 들이대고 이리저리 끌고 다니며 갖은 회유와 협박을 하였지만 김 사모 역시 "당신들도 예수 믿으라."고 전도하면서 "죽일 테면 죽여라!"라며 달려들었다. 공산당원들은 "지 남편과 똑같구먼! 그 놈도 죽으면서 예수 믿으라고 하더니... 이 년도"하면서 무슨 마음을 먹었는지 김 사모를 풀어주었다.

그 후 김 사모는 임 전도사가 순교한 하리교회 건축을 마무리하고 유복자인 임창희를 출산한 후 3년간 하리교회 목회를 계속했다. 그리고 완주군 용진교회에서 1년여 동안 목회한 후에, 1956년 전주성결교회에서 신앙생활을 했다.

(7) 임광호 전도사의 이력과 정신

임 전도사의 학력과 경력을 자세히 알 수 없다. 홀로 월남한 임 전도사는 친척이 전혀 없이 생활하다 순교하여 이북에서의 그의 생활에 대해서도 상세히 알 길은 없다. 그나마 있던 저술과 시집, 자작곡의 복음성가 등 자료들은 6.25 한국전쟁에 불타버렸다.

임 전도사는 목회를 하면서 1948년부터 1950년 사이에 전주와 대전에 있는 신학교에서 강의했다. 특히 당시에는 전주서문교회에서 운영하던 신학교를 졸업해야 전도사, 장로가 될 수 있었다 한다. 임 전도사 아들인 임창희 목사는 아버지의 삶과 순교 정신을 다음과 같이 조명한다.[3]

"오직 하나님 사랑과 교회 사랑과 성도 사랑으로 가득 차 있었습니다. 이북 고향 집에서는 넉넉한 생활을 하며 걱정 없이 부모님과 형제와 함께 지냈습니다. 하지만 아무도 없는 남한으로 홀로 죽음을 무릅쓰고 위험한 배를 타 월남하게 된 것은 오직 하나님을 사랑하는 믿음이 있었기 때문입니다.

남한에 와서는 하리교회 건축에 온 힘을 다하여 완공을 위해 모든 정열을 쏟으셨습니다. 공산당의 핍박이 있을 때마다 교인들에게 잠시 피신할 것을 권유받았지만, 임 전도사는 '교회와 성도들을 놓아두고 절대 피난하지 않겠다.'고 굳건히 말씀하셨다고 합니다. 또 며칠 후에는 삼례성결교회 장로님들과 성도들이 '제주도로 피난 가는데 함께 가자.'고 강력하게 권유했지만 '교회와 성도들을 놓아두고 나는 갈 수 없다.'며 피난을 사양하셨다고 합니다. 이 후 대전신학교에서도 잠시 피신하러 오라고 연락이 와서 어머님이 '며칠만 공산당의 눈을 피해 피난가자.'고 했다가 루터 부인은 루터가 힘들

때 '하나님 죽으셨냐'고 하며 루터를 도와주고 힘을 실어 주었는데 부인이 피난가자고 했다고 하여 3일간 말도 하지 않고 지냈다는 이야기를 어머님으로부터 들었습니다. 그리고 성도 및 지역 사람들이 논밭에서 일하면서 다치고 아프면 밤 늦게라도 찾아가 기도해 주고 치료해 주어야 한다며, 피난을 갈 수 없다고 하셨다합니다.

아버님은 시편 18편 1절(나의 힘이 되신 여호와여 내가 주를 사랑하나이다.)와 찬송가 82장(새찬송가 95장) '나의 기쁨 나의 소망', 복음성가 '주님 고대가'를 삶 가운데 끊임없이 찬송하셨다고 합니다."

(8) 임광호 전도사의 가족들

임광호 전도사의 아내는 김복순 사모(혹은 권사)이며 독자로 태어난 성남 은행동성결교회 원로목사인 임창희 목사(안은정 사모)가 있다. 임창희 목사[4]는 1965년에 전주교회 이대준 목사로부터 세례를 받았다. 그는 영혼 구원의 사명을 감당하는 것이 이 세상에서 가장 귀한 일이라고 생각하여 성결대학교에 입학했다. 2학년 때 교단에서 개최된 여름 산상집회에서 몇몇 신학생들과 함께 기도하다가 불같은 은혜를 받아 하나님의 부르심을 더욱 확신하게 된다.

그는 4학년 때 전북 순창군 구리면에 있는 금천교회에서 첫 단독목회를 시작한다. 이후 강경교회와 왈운정교회, 그리고 왕궁교회, 진부교회에서 사역했으며 1980년 5월에 목사 안수를 받았다. 그리고 천호동교회에서 부교역자와 송파교회와 은행동교회 담임목사로 시무하다 원로목사로 은퇴하였다.

임광호 전도사의 손자는 서울신학대학교 교회음악과 강사였던 임무성 교수(손부 최경미, 증손녀 임예임 임예빈)와 토론토교회의 임성미 사모(손녀사위 최유민 목사, 증손자 최세원 최세윤, 증손녀 최세림)와 브릿지교회 담임목사인 임무영 목사(정하영 사모, 증손녀 임서윤, 증손자 임준민)가 있다.

(9) 임광호 전도사 추모사업[5]

임창희 목사는 아버지의 순교 이야기를 듣고 자랐지만, 목회를 하면서도 이 사실을 대외적으로 공개하는 것을 중요하게 여기지 않았다. '하나님이 다 알고 계시는데 사람들이 아는 것이 무엇이 그리 중요한가?'라고 생각했기 때문이다.

그러나 시간이 흐르면서 그는 자식에 대한 도리를 생각하고 순교자로서 아버지의 위치를 세워드리고, 목회하는 자녀들에게 할아버지의 영광된 모습을 알려주며, 한국교회와 성결교회 성도들에게 조금이나마 유익이 되는 길을 찾기 시작했다.

이미 많은 증인들이 고인이 되었고, 6.25 한국전쟁 중에 여러 자료들이 소실되었지만 전주지방의 여러 원로급 목회자들의 도움과 하리교회 성도들의 협조 덕분에 사실 확인 작업이 진척을 보였다[6]. 이것을 언론에서 다루기 시작하고, 『한국성결교회사』에서 그의 이름이 언급된 것을 발견하였다. 순교 일자와 순교 장소, 그리고 순교 원인 등이 잘못 기록[7]되어 있었지만 교단의 공식 책자에 등재되어 있었다는 것은 다행스러운 일이었다.

모든 사실을 확인한 후에 임광호 전도사 순교 50주년 기념일을 맞이하여 은행동교회에서 추모예배를 드렸다[8]. 당시 강신찬 교단 총회장을 비롯하여 총무 최희범 목사, 증경 총회장 김용은 목사, 중부지역 부총회장 이용규 목사, 한기총 대표회장 이만신 목사, 교단 역사편찬위원장 박현한 목사, 활천사 사장 백수복 목사, 성남시 김병량 시장, 조성준 국회의원 등 교단 안팎에서 참여하여 순교자의 삶과 영성을 기린 예배를 드렸다.

2001년 6월 1일 용인 한국기독교순교자기념관에서 교단 역사편찬위원 주최로 임광호 전도사 순교기념비 제막식을 거행하였다[9]. 은행동교회 성도들 120명이 참석한 예배에 역사편찬위원장 박현한 목사의 사회와 중부지역 총회장 이용규 목사의 기도, 교단 총회장 윤철중 목사의 설교와 전 호남지역 총회장 김필수 목사와 교단 부총회장 이정복 목사의 추모사가 있었다[10].

2005년 5월 7일에는 하리교회에서 순교비 제막식[11]을 가졌다. 교단 역사편찬위원회에 관련 서류를 접수하고, 심리와 현장 검증, 증언 청취 등의 과정을 거치면서 하리교회에 순교비를 세우게 된 것이다. 순교 55주년을 기념하여 순교의 정신을 후대에 알리고 교훈을 삼기 위해 순교비를 건립하기로 하고, 기독교대한성결교회 총회와 교단 역사편찬위원회, 그리고 전주지방회와 고 임광호 전도사의 유족, 하리교회 성도들이 힘을 모아 순교비[12]를 세우게 되었다.

2018년 10월 23일에는 하리교회에서 고 임광호 전도사 순교세미나를 개최하면서 순교정신을 계승하고 발전시키기 위해 작은 기념비 제막식을 가졌다. 교단 역사편찬위원회와 하리교회 역사편찬위원회에서 주관하여 역사편찬위원장 임재성 목사가 '한국전쟁 중에 꽃피운 성결교회의 순교역사'와 순교자 아들인 임창희 목사가 '아들이 본 아버지의 삶과 순교' 그리고 하리교회 이병성 목사가 '임광호 전도사의 순교정신 계승'에 대한 주제로 토의했다. 이후에 임광호 전도사 순교 기념비 제막식을 가졌다[13].

1) 전체 내용은 『하리교회 71년사』, (우리가본, 2021)에서 재인용하였다. 홍준수, "임광호, 끝까지 믿음을 지킨 순교자", 성결교회 역사와 문학연구회 편, 『성결교회인물전 제5집』, (도서출판 도루, 2001), pp. 233-242., 기독교대한성결교회 은행동교회 42년사 역사편찬위원회, 『은행동교회 42년사』, (은행동교회, 2016), pp. 216-223., 임창희, "끝까지 믿음을 지킨 임광호 전도사", 「활천」 통권 560호, 2000년 7월호. pp. 99-104., 한국성결교회문화선교회, 『성결인명사전』, (도서출판 도루, 2018), pp. 872-873.을 참조.

2) 임광우라고도 불렸다. 서울신학대학교 현대기독교역사연구소, 『한국성결교회 100년사』, (기독교대한성결교회출판부, 2007), p. 435.

3) 임창희, "아들이 본 아버지의 삶과 순교정신", 「하리교회 임광호 전도사 순교세미나 자료집」, (2018)

4) 기독교대한성결교회 은행동교회 42년사 역사편찬위원회, pp. 189-191.

5) Ibid., pp. 216-223.

6) 전주지방회에서 기독교대한성결교회 총회장에게 '고 임광호 전도사 순교자 청원', 기독교대한성결교회 증경총회장 김용칠 목사와 호남지역총회 증경총회장 신기봉 목사, 중부지역 부총회장 이용규 목사 등이 추천서를 첨부하여 청원하였다. 하리교회 김용선 원로장로와 고 정경순 권사, 정실영 장로 등이 증언해 주었다. 임창희, 『고 임광호 전도사 순교 기념 앨범』

7) '성결교회 순교자 및 수난자 명단' 번호 15번에 임광우, 연령 27세, 순교일자는 1950년 7월 10일, 순교장소는 전북 황방산, 순교 원인은 6.25시 성전을 공산당 사무실로 쓰려는 것을 항거하다가 산으로 끌려가 피살되었다고 기록됨. 편집부 편, 『한국성결교회사』, (기독교대한성결교회, 1992), p. 821.

8) 김형근, "순교정신 계승 앞장", 「한국성결신문」 제289호, 2000년 7월 29일자., 김무정, "임광호전도사 순교 50년만에 '햇빛'", 「국민일보」 제3558호, 2000년 7월 21일자, 29면.

9) 황승영, "고 임광호 전도사 순교비 제막", 「한국성결신문」 제328호, 2001년 6월 9일자.

10) 임창희, 『고 임광호 전도사 순교 기념 앨범』

11) 기독교대한성결교회 은행동교회 42년사 역사편찬위원회, p. 70.

12) 대지구입비(149평) 2,200만원을 포함해 총 37,021,000원이 소요. 고 임광호 전도사 순교지 건립 경과보고서, 하리교회 내부자료(2005).

13) 서광호, "고 임광호 전도사 순교신앙 되새겨", 「기독교헤럴드」 제424호, 2018년 11월 3일자.

2. 김복순 사모가 바라본 임광호 전도사[1]

나는 지금까지 예수를 부인하지 않았습니다

김복순 사모의 자전적 고백록[2]

대담자 : 이병성, 김일환

작성자 : 김일환

"안녕하세요. 김복순입니다. 저의 남편은 순교자 임광호 전도사입니다. 지금 제 나이는 105세입니다. 당시를 추억해 보면 지금 정확한 것이 기억나지 않지만, 저는 전주에서 교회를 다녔습니다. 또 전주에서 신학교를 다녔죠. 그러나 저는 신학교를 졸업하지 못하였습니다. 졸업하지 못한 이유에 대해서는 선명한 기억이 없습니다. 당시의 여건과 환경을 돌아볼 때, 학교를 졸업할 수는 없었습니다. 그러나 이것이 특별한 것은 아닙니다. 당시의 모든 여자는 그러했습니다. 졸업하는 경우가 적었습니다. 그 당시는 정말 힘든 시간이었습니다. 옥수수 하나로 하루를 버틴 사람들이 많았습니다. 옥수수 한 자루에 30개 정도가 들었는데, 그것으로 한 달을 버틴 사람들이 많았습니다. 정말 힘든 시기였습니다.

임광호 전도사[3]는 전주에서 신학교를 다니면서 만났습니다. 완주 '와리'[4]에서 만났습니다. 그러나 와리에서 결혼한 것은 아닙니다. 전주에서 결혼했습니다. 그러나 와리로 온 것은, 친정이 여기 있기에 올 수밖에 없었습니다. 저희 어머니가 여기로 이사를 왔습니다. 또 어머니와 친오빠가 와리교회를 출석했습니다.

　　저의 남편 임광호 전도사가 언제 와리로 왔는지는 모르겠습니다. 단지 저는 전주에 있는 신학교에서 그를 만난 것뿐입니다. 임광호 전도사의 가족은 황해도 신천[5]에 있었습니다. 한국에 그의 가족은 없었습니다. 신천에 있는 그의 가족은 9남매라고 들었습니다.

임광호 전도사는 와리에서 사역을 했습니다. 당시 교회의 장로님과 권사님들이, 저와 그를 이어주었습니다. 당시 임광호 전도사님은 잘생겼습니다. 유머도 있었습니다. 항상 쾌활한 사람이었습니다. 찬양을 잘 불렀습니다. 그가 길거리에서 찬양을 부르면, 아이들도 어른들도 모여들었습니다. 또 그를 따라다니는 사람들이 많았습니다.

그가 노래를 부를 때 동네 사람들이 움직이기도 했습니다. 그는 자주 왕궁(당시 한센병 있는 곳)에 학생들과 봉사를 다녔습니다. 임광호 전도사의 가족이 의사였습니다. 그렇기에, 임광호 전도사는 의료에 대한 지식이 있었습니다. 또 그는 하리의 주민들을 종종 치료하였습니다. 무엇보다 그는 정말 똑똑했습니다. 그는 글을 잘 쓰고, 글을 잘 가르쳤습니다. 임광호 전도사는 글을 쓰고, 당시에 '30원'씩 받았습니다. 당시에 30원이라는 돈은 작은 돈이 아니었습니다. 그러나 성실하게 그 일들을 감당해 나갔습니다. 또 설교를 잘했습니다. 그리고 성경도 잘 가르쳤습니다.[6]

이 기억만큼은 선명합니다. 임광호 전도사는 삼례 치안경찰들에게(공산당) 잡혀갔습니다. 한번이 아니라, 몇 번을 잡혀갔습니다. 제가 기억하기론 세 번이나 잡혀갔습니다. 너무나 슬픈 건, 그의 시체도 찾지 못했다는 점입니다. 당시 임광호 전도사가 잡혀갔을 상황들이 눈에 그려집니다. 그때는 임광호 전도사가 교회를 건축하고 있었을 때였습니다. 이런 추억도 떠오릅니다. 당시에 교회를 건축한다고, 하니 어떤 성도님이 양파를 100개를 주었습니다. 그런데, 공산당들이 다가지고 먹었습니다. 너무 속상했습니다. 당시는 식량이 없어서 감자만 먹었던 적이 많았습니다.

또 추수감사절에 도둑이 추수 쌀을 가지고 도망갔습니다. 저는 그 도둑을 잡으러 밖을 나갔습니다. 정말 추운 겨울이었습니다. 모두 공산당들입니다. 그러나 임광호 전도사는 교회를 항상 지켰습니다.

그때 드디어 공산당들과 임광호 전도사가 만났습니다. 그리고 치안경찰들(공산당)은 몇 마디 대화하더니, 임광호 전도사를 잡아갔습니다. 공산당 놈들이 임광호 전도사에게 이야기했습니다. '곧 좋은 세상이 온다. 그러니 예수를 믿지도 말고, 가르치지도 말라.' 그러나 임광호 전도사는 '당신들도

예수를 믿어야 천국을 간다.'라고 대답을 했습니다. 그리고 공산당 패거리들은 임광호 전도사의 얼굴을 알아볼 수 없을 정도로 구타했습니다. 그리고 그 자리에서 즉사했습니다. 너무 슬픈 건, 이후에 시체도 찾을 수 없었습니다. 그 날짜가 7월 20일입니다.

당시 와리 지역은 모두 공산당 패거리였습니다. 그래서 교회 다니는 사람을 괴롭히고, 때리고, 도둑질했습니다. 공산당 패거리가 무서워서, 모두가 와리를 떠났습니다. 그러나 임광호 전도사는 그 자리를 지켰습니다. 임광호 전도사가 교회를 지킨 이유는 두 가지였습니다. 첫 번째, 당시 교회가 건축 중이기 때문입니다. 두 번째, 교회가 있는데, 목자가 떠나면 양들은 길을 잃어버리기 때문입니다. 그렇기에 모두가 와리를 떠나도, 임광호 전도사는 떠나지 않았습니다.

임광호 전도사가 7월 20일에 순교를 하고, 공산당들이 다음에 저를 찾아왔습니다. 그리고 저에게도 이야기했습니다. '곧 좋은 세상이 온다. 그러니 예수를 믿지 말라.' 그러나 저는 확고한 표현으로 '예수를 믿을 것'이라고 대답했습니다. 제가 그렇게 말한 이유는, 임광호 전도사가 저에게 그렇게 미리 말을 일러주었기 때문입니다. 임광호 전도사는 저에게 자주 이야기했습니다. '당신에게 공산당이 와도, 당신을 때려도, 심지어 당신을 죽인다고 해도, 당신은 결코 예수를 부인하면 안 되오!' 저는 남편이 죽었지만, 남편의 말을 기억했습니다. 그리고 공산당들에게, 나는 절대로 예수를 부인하지 않을 것이라고 했습니다. 그러니 그들이 총대로 저를 때렸습니다. 목을 때리고 어깨를 때렸습니다. 그리고 저를 가리켜 '저년은 악질'이라고 했습니다. '저년은 악질'이니까 더 힘차게 때리자고 했습니다. 지금도 그 상처의 흔적이 있습니다. 또 그 아픔이 저에게 있습니다.

공산당은 저를 또 잡았습니다. 이번에는 저의 눈을 가리고, 저도 알지 못하는 산으로 끌고 갔습니다. 눈을 가리니 정말 무서웠습니다. 공산당은 어떤 나무 뒤로 저를 묶었습니다. 그리고 또 물었습니다. '이제 정말 좋은 세상이 온다. 예수를 믿지 말아라.' 그러나 저는 확고하게 대답했습니다. '시방(지금) 죽어도 나는 예수를 부인하지 않습니다. 시방(지금) 죽어도 나는 천국을 갑니다. 나는 그 믿음으로 삽니다.' 그랬더니, 공산당들이 '저년은 악질이다. 악질 중 악질이다.'라고 하면서, 총대로 저의 머리를 때렸습니다. 또 저의 어깨와 목, 허리를 때렸습니다. 당시에 저는 정말 무서웠습니다. 힘들었습니다. 그러나 예수를 믿음으로 말미암아 담대할 수 있었습니다.

그 후에 사람들이 저를 숨겨 주었습니다. 땅속에 들어가서 살았습니다. 대략 한 달 동안 땅속에 숨어서 살았던 것 같습니다. 저녁에는 여자 성도들이 음식을 가져다주었습니다. 모두 와리교회 성도들입니다. 임광호 전도사가 순교하고 나서는 '전주성결교회'에 있었습니다. 그때 교회에서 숨어 지내면서 살았습니다.

그곳에서 아들을 낳았습니다. 정말 고생하면서 키웠습니다. 그때, 제가 순교자의 가족이라고 해서, 전주성결교회에서 3만원씩 주었습니다. 참 생활이 어려웠습니다. 당시 저는 '전도부인'으로서, 교회 일에 동참했습니다. 또 심방을 했습니다. 여러 가지 교회 일을 맡아서 했습니다.

아들을 키웠습니다. 아들에게 자주 이야기했습니다. '너희 아버지는 순교자다. 너는 순교자의 아들이다. 그러니 순교자의 정신을 잃어버리면 안 된다. 그러니 우리는 천국을 바라보고 사는 사람들이다.' 아들은 장성해서 목회자가 되었습니다. 지금도 목회하고 있습니다. 그러나 쉽지 않은 시간이었습니다. 임광호 전도사가 순교하고, 여자 혼자 몸으로 아들을 키우는 것이 너무나 어려웠습니다. 임광호 전도사가 순교 직전까지 지켰던 것이 교회였습니다. 그러나 아쉽게도 그 교회 건축을 끝마치지 못한 채, 팔았습니다. 그리고 저는 작은 방을 구했습니다. 그리고 와리교회 성도들은 그 집에서 함께 예배를 드렸습니다. 그 땅의 부지가 지금의 '하리성결교회' 사택 앞의 작은 화단 정도의 땅입니다.

저는 겨울이 너무나 싫었습니다. 겨울은 정말 무서웠습니다. 아기는 작은데, 밖은 너무 추웠습니다. 그래서 아기를 저의 배 위에서 키웠습니다. 저의 배 위에서 품고 잤습니다. 이불을 저의 배 위에 두르고 겨울 바닥을 견디었습니다. 낮에는 여자 성도님들의 집에서 있기도 했습니다. 여하튼 겨울마다 그렇게 견뎠습니다. 너무 괴로웠습니다.

당시에 제가 가장 사랑하고 많이 불렀던 찬양은 두 가지입니다. '나의 죄를 씻기는(새찬송 252장)', '나 어디에 있든지, 늘 마음이 편하다(새찬송 217장)'입니다. 이 두 찬양을 부르며, 어려운 시간을 잘 이겨냈습니다. 제가 죽어서 천국을 간다면, 임광호 전도사에게 정말 하고 싶은 말이 있습니다."

'여보. 전도사님. 보고 싶은 나의 사랑.
나는 죽을 때까지 당신이 일러준 말을 지켰습니다.
나는 예수를 부인하지 않고 예수를 잘 믿었습니다.
저는 죽을 때까지, 이 믿음을 잘 지켰습니다.'

1) 순교자 임광호 전도사의 마지막 외침인 '당신들도 예수를 믿어야 한다'의 답가로, 제목을 작성하였습니다.

2) 이 글은, 2023년 5월 18일(목) 하리교회 이병성 목사와, 우리가본교회 김일환 목사의 인터뷰 내용을 토대로 작성된 글입니다. 현재 김복순 사모님의 나이와 건강을 고려할 때, 다소 부정확한 발음과 단어, 표기들이 있기에, 그것들을 다시 정리하여 작성된 글입니다.

3) 임광호 전도사의 아내가 김복순 사모이다.

4) 지금은 '삼례읍'의 작은 동네이다. 완주군 3읍 10면의 하나, 본래 전주군 지역으로서(1935. 10. 1일 이후는 완주군) 오백저면이라 하여 수계, 청계, 신포, 덕천, 신덕, 사상, 장포, 송정, 신탁, 청등, 상당, 중탁, 봉황, 만선, 유리, 상신정, 삼계, 정산, 학동, 신정, 석전, 별산, 시목, 신금, 구금, 월산, 상백, 전와, 후와, 상와, 중와, 신후, 상후, 서여, 구주, 상주, 중주, 만경, 마천, 신안, 가인, 서신 44개 동리를 관할하였는데 고종32년(1895)에 창덕면으로 고쳤다. 1914년 군면 폐합에 따라 우서면의 화상, 해전, 신사, 신평, 어전, 신왕, 쌍남, 쌍북, 중신, 신평의 10개 동리와 우동면의 서당리 일부와 봉상면의 명덕리 일부와 익산군 춘포면의 장연, 문종의 각 일부와 같은 군 우북면의 화산리 일부와 같은 군 두촌면의 학연리 일부를 병합하여 옛 삼례역의 이름을 따서 삼례면이라 하여 수계, 신탁, 석전, 신금, 구와, 삼례, 후정, 해전, 어전의 9개 리로 개편 관할하다가 1956년 7월8일 법률 제 395호에 의하여 읍으로 승격되고, 1973년 7월 1일 대통령령 제654호에 의하여 익산군 왕궁면의 온수리 일부를 편입하여 삼례, 후정, 어전, 해전, 시금, 석전, 구와, 신탁, 수계, 하리 등 10개리가 되었다.동쪽은 봉동읍, 남쪽은 전주시, 서쪽은 익산시 춘포면, 북쪽은 봉동읍과 익산군 왕궁면에 접했다(https://www.wanju.go.kr/index.wanju?menuCd=DOM_000000105003002000).

5) 황해도 서북부에 위치하고 있다. 동쪽은 재령, 서쪽은 송화, 남쪽은 벽성, 북쪽은 은율·안악과 접하고 있다. 지세는 북서쪽으로 황해도의 명산인 구월산(九月山, 954m)이 북동에서 남서 방향으로 뻗어 있고, 서남으로 멸악산맥(滅惡山脈)이 뻗어 있다[네이버 지식백과] '신천' (문화원형백과 상인과 상업활동, 2003., 문화원형 디지털콘텐츠).